二魚文化

2016
飲食文選
Best Taiwanese Food Writing 2016

朱國珍——主編

題字／李蕭錕

目錄 Contents

2016飲食文選 *Best Taiwanese Food Writing 2016*

廚房

回味

目錄
Contents

2016 飲食文選
Best Taiwanese Food Writing 2016

編選序

吃出觀點：並非只會巴豆腰

朱國珍

這世界似乎愈來愈會製造喧囂，資訊爆炸，網路分享文章從不過問來源，感覺爽了就按讚，複製貼上，真真假假傳唱，議論紛紛，只剩下個人立場，無人聞問是非：政治、經濟、民生皆如此。想在五濁惡世尋個清新極樂地，似乎只能來碗心靈雞湯，滋養內在小宇宙，抵禦喧囂只剩下吃食是最寧靜的避風港。瞧這「雞湯」二字，已經直喻人們飢渴的靈魂，它不只勵志，而且態度正確，不易招致批判。在這多數人講到政治就分藍綠、講到經濟就仇富、講到民生就要求CP值的當下，沉默螺旋很難有安全話題，此時，只有談吃是中道，哥哥牽妹妹，阿桑揪阿伯，好吃不好吃，聊聊美食最容易得到好人緣。

飲食文章發展到現在，題材汪洋洪肆，內容包山包海，大抵脫不了修辭範疇，無論嘴巴說或動手做，用力之處多在刺激讀者貪婪味覺。綜觀二〇一六年，欣見食物書寫不再受限於美味，創作者發揮想像或文史哲素養，在上千篇探索與飲食有關的文章中，相較誘引回憶、地方踏查、親情詠懷、佳餚分享、食材探源等常見的抒情筆調，出現更多新思與創意，例如類小說形式的浮世男女情懷，或由經典作品中摘選精華文字「重組肉」，或以數據驗證謬論破除迷思，或觀察飲食趨勢預言餐桌上的未來，魅惑繽紛，讓二〇一六年閱讀飲食散文的經驗內外飽滿。

普魯斯特在《追憶似水年華》裡因為瑪德蓮蛋糕喚起回憶，刻畫出感官的時間交疊，當下與過去，盡是揮之不去的前世今生。在「回味」選篇，食物誘引記憶中不能承受之輕或重，隨味道穿越時空，文學中的親情，愛情，友情透過文字復鑄感情厚度，擁有或失去，愈是經歷愈是珍惜。

搭飛機的老笑話，男人總愛幻想空姐詢問「飲料」時兼作打油詩：「Coffee, tea, or me?」除去最後一個選項，咖啡茶確實是國際飲料，世界通用。然其品項多元，工藝華馥，本次摘選作品，深入咖啡茶的文化與精神。

好的「故事」如同中式快炒，溫度很重要，動人的篇章皆如冬日暖陽照心頭，是溫度讓故事形成文字佳餚，飽足靈性。若是另闢幽徑，將推理小說、電視電影、經典文學中的食物互文性，重新演繹「好吃」的定義，大腦與口腔互補，精神與腸胃滿足，更添萬象風情。

美食當前，莫要吃其然不知吃其所以然。臺灣「農漁牧」產業曾經獨領風騷，虱目魚尤其是臺灣重要養殖魚種，掌聲過後，何去何從？市場人生世間情，批發市場的臺式叫賣經濟學，萬噸食材轉頭空，市場依舊在，幾度夕陽紅。

西方美食教父薩瓦蘭在〈旅行者的好運〉文中發揮即興詩作：「此情此景甜美又歡暢，當旅行者遇到知音，在歡樂與美酒中徜徉。」天涯相遇，擦身而過，以食物紀錄當下，或地景，或懷舊，或隨緣取材，片刻「品味」即是永恆，把握當下，是幸福最近的距離。

英國名廚戈登·拉姆齊（Gordon James Ramsay）在電視節目《地獄廚房》中常說出驚人之語，例如：「這條魚生到牠還在找牠的兒子」（It's still looking for its son）。可見廚房裡的武林非能等閒視之。無論用盡功夫機關算盡，皆是男人女人心事一籮筐。比較特殊的是台式餐廳廚房，主廚與工作夥伴之間，常有通關密碼：「搓草」、「八六」是什麼？「廚房」一探究竟。

現代人重視養生，追求《蔬食》儼然成為時尚，棄腥葷擇蔬果，彷若由繁轉簡，猶似洗牌人生，季節更迭，更加淬鍊心性，不只時尚，更臻高尚。

國發會二〇一六年統計報告，直指二〇一七年臺灣老年人口數將超過幼年人口；二〇六〇之後，老人將是幼年人的四倍，老化指數預估高達401.5%。高齡化，少子化，不婚，蝸居等社會現象持續發燒，日本在二〇〇〇年出現「孤食老人」一詞，已預言四代同堂圍爐饗宴將成歷史古蹟，未來，還是誠實面對獨食的課題吧！日本研究報告顯示，一個人用餐感到孤獨而打開電視，或為了掩飾孤獨感而增加飲酒量影響身體健康，已出現鼓勵煮飯燒菜的文獻，預防失智，強化生活品質。邁向二〇六〇，飲食文化的現在與未來，都在「論述」關注。

英國哲學家大衛休謨在《鑑賞的標準》論文中，借用《唐吉軻德》故事中的兩位專家在品酒時，雖異口同聲讚美好酒，但是一位喝出皮革味，另一位喝出鐵味，意見相左。所謂專家感官大不同，此舉受到眾人嘲笑。結果，將酒桶倒乾之後，發現桶底有一把鐵鑰匙，上面拴著一根皮帶子。大衛休謨論道：「一個人的味覺如果太精緻了，在許多場合會給他本人和他的朋友帶來不便。但是才智和美的精緻鑑賞力則不同，它永遠是一個令人嚮往的品質，因為它是一切最美好、最純真的歡樂的泉源，而這種歡樂是最能感染人的天性的。」

二〇一六年飲食文選，邀請聰明的讀者細細品味，飽嚐歡樂。

故事

2016飲食文選

三角厝饅頭店

向蒔

臺南家專畢業。公職退休。

如果要選一種最不喜歡的食物，毫無疑問，我的首選一定是饅頭。

原因呢？不詳。真要追問，也許我會胡謅一句：「被饅頭打過。」

說胡謅，倒也未必，是真的讓饅頭打過。

小時候家附近有個軍營，路上來來往往常可見到阿兵哥的身影，每次看到，我們總愛對著他們喊：「阿兵哥，呷饅頭，呷甲嘴齒烏索索。」然後咯咯笑著一哄而散。

通常阿兵哥對我們這些無聊舉動並不會有什麼反應，只有一個，他齜牙咧嘴跑到我們面前，露出一口白森森的大牙：「俺從小吃饅頭，哪黑啦？」

這人，誰都沒想到他會變成我們的鄰居，更沒料到，他後來還成了鎮上的饅頭大王。

一樣是綠色的軍服，每天門前經過的阿兵哥

沒一百也有八十，怎會特別認得他呢？實在是他長得太特殊，一百八十幾公分的身高已夠醒目了，偏偏臉上還長長一道刀疤，如果戴上個眼罩，十成十是個海盜的樣子，因此背後我們叫他「海賊」，他知道了也不生氣，只嘿嘿笑了二聲，摸摸自己臉上的疤痕說：「是有點像。」

從軍中退下來時，海賊單身一人在軍營附近買個房子，靠著往日長官照顧，他在軍中謀了份收廚餘的工作，軍營幾百上千的人，每日三餐廚餘頗為可觀，他也算心思靈活，在屋後找了塊空地，幾塊木板竹片就搭了個簡易豬舍，養了幾隻大公豬，用廚餘餵豬省了不少飼料錢。

別看他人高馬大，其實心思細膩，軍中伙食大多辛辣，海賊不像一般人收菜尾那般，統統倒成大鍋菜，他一一分類，就怕沾了辣，豬可不吃辣，此外他還將未曾食用的部份另分一類，附近人家如果哪一餐少了點菜，就讓孩子拿著碗公去買些應急，聽說「俗擱大碗」。

有次海賊不知哪裡弄來隻小豬，我有點懷疑是他養的病死豬，就在屋前架起鐵架子燒烤起來，熊熊烈焰烤得架上的小豬肥油滋滋作響，香味不僅四鄰都聞得到，連野狗也在一旁打轉流口水，他一邊翻動架上小豬，一邊抹香料，還要分神防著野狗，後來煩了，索性拿起回收桶裡的饅頭往狗身上一丟，剛好路過的我不偏不倚挨個正著，不知是不是這一挨，讓我在潛意識裡不喜歡饅頭至今。

每天的廚餘中，豆漿饅頭佔了不少份量，那饅頭，黃黃黑黑的，比起又白又胖的機器饅頭來，實在沒賣點，但奇怪，愛吃的還大有人在，大概是看上這個商機吧，沒多久海賊不收廚餘了，他大街小巷賣起饅頭來。

做饅頭並不輕鬆，又耗時，但他做來駕輕就熟，麵糰在他手上像棉花般，又輕又軟，搓圓捏扁隨意自在，興致來時，他會捏幾隻小動物，不賣，左鄰右舍小孩子通通有獎，所以在孩子圈中海賊人緣還算不錯，連帶和一些媽媽們也處得很好，久了，就有人熱心的為他牽紅線，說起媒來，其中一個柑仔店老闆娘最是用心，她可不是「媒人嘴，胡累累」，是真的用心研究過雙方條件的。

有天海賊正在揉麵糰，柑仔店老闆娘提著幾粒包子上門：「只賣饅頭不行啦，一樣的麵糰，怎不做些包子呢，你吃吃看，很好吃喔。」

原來她說媒的對象是菜市場上一位賣包子的寡婦，為了增強說服力，她用那口很破的臺灣國語說：「『一年準備，兩年反攻，三年掃蕩，五年成功』，現在已經好幾個五年了，你要替自己打算打算啦。」

真是有備而來，連口號都背熟了，無奈打動不了海賊的心，但倒提醒了他，只賣饅頭太陽春了，於是他又磨起豆漿來，剩下的豆渣也沒糟蹋掉，煎成香噴噴的豆餅，遇有哪個顧客特別順他的眼就買饅頭送豆餅。

有陣子海賊突然不見了，大街小巷沒見他吆喝饅頭豆漿的身影，家裡大門也落了鎖，像人間蒸發了般，大約十天或半個月吧，里長正想發動找人，他又出現了，身邊多了個三、四歲的娃兒，海賊叫他阿德。

那是他軍中同袍的孩子，臨終前託孤，他也當真像自己兒子般對待，每天帶進帶出，不離視線，賣饅頭時就讓孩子坐腳踏車前座籐椅上，風吹日曬，雖是相依為命，可也真是辛苦，尤其孩子，曬得黑炭似的，有人建議他找個店面吧，總不能老把孩子放在車上。

這話不無道理，於是海賊開始留心起店面招租的紅紙條，找了幾處，加加減減計算一番，最後只能打退堂鼓，賣個饅頭能賺幾毛，扣掉成本，再加上店租，那不喝西北風？

也許是天意吧，有次路過一間因道路拓寬而拆除僅剩一半的破平房，三角形，沒門沒窗，空蕩蕩面對著大馬路，附近工地的工人中午會到那休息打個盹，那天，突來的一場西北雨，把他趕進了破屋子裡，不知是不是坐久了，孩子這時突然哇哇大哭，海賊只好讓孩子下車活動活動，下了車，孩子不哭也不鬧了，高興得很，海賊看著孩子，再看看四周和路上來來往往的車子，心念一動，此後不沿街叫賣了。

他在破屋裡勉強擠進二張桌子，把攤子往屋前一擺，就算是一間店面了，還自己做個簡易招牌「三角厝饅頭店」，只賣早餐，不再整天小鎮跑透透了。

可能連海賊自己都沒料到，擺攤後生意比四處叫賣還要好，附近的工人、來往的車流和學生，常常把個小小攤位塞得滿滿的，沒多久，他的招牌就成了饅頭的代稱，只要問起早餐吃什麼，如果回答「三角厝」，大家就知道吃了豆漿饅頭。

其實海賊的成功並不只靠機運，他是真有幾分生意頭腦，擺攤後他不只賣白饅頭，還炸饅頭，一顆顆白饅頭在油鍋裡炸成黃澄澄的，又酥又脆，撈起瀝乾油份後對切成三角，填入糖和花生粉，做成三明治的樣子，叫「香饅頭」，豆餅也不送了，打個蛋加些肉末，同樣切成三角形，這樣幾年經營下來，小鎮上幾乎每人都吃過三角厝的饅頭，也知道他的東西除了白饅頭，其他大多是三角形，連花捲也不例外，三角，成了他的招牌。

「三角厝饅頭店」的位置極佳，剛好位在十字路口的三角窗地帶，佔盡地利，但也正因位在路口，紅燈時，店門口停了長長一排汽機車，整個店裡都是廢氣，加上客人的車子，店前常是一片亂，進出都困難，可奇怪，大家一點也不嫌，照樣生意「強強滾」，真應了柑仔店老闆娘的話：「是他賺錢的時機」。

每天一早，海賊一件汗衫、夾腳拖就在店裡忙進忙出，但從沒見過阿德，算算，也該有十五、六歲了，海賊「惜命命」，從不讓他到店裡幫忙，每提起，總是眉眼笑成一堆：「真像我，跟我一般高了。」

是真的有三分像，媽媽說：「當然像啊，每天吃同一鍋飯。」是這樣嗎？可我跟姊姊怎麼兩個樣。

大約十七、八歲，阿德長得越發好看了，一襲卡其制服穿在身上，英氣逼人，但細細一看，褲子是大喇叭，書包肩帶放得老長，遠遠見了，像二支掃把在馬路上掃呀掃的，膝蓋邊緣色書包搖搖晃晃，看來沒什麼份量，連帽子也戴得歪歪斜斜，這些，海賊都說：「年輕人嘛，就愛變些花樣，沒什麼啦。」

這話，好像也不無道理，至少不能說錯。

可能是「三角厝饅頭店」的生意太好了，有陣子聽說屋主不續租了，有意要自己經營，賣豆漿饅頭沒什麼門檻，白花花的鈔票幹嘛不自己賺？海賊只好在轉角另一個路口買個透天店面，這時大家才知道，原來這幾年他積攢了那麼大筆的財富，那可是個金店面呀！

原來的三角厝饅頭店舊址呢？主人依樣畫葫蘆，也賣早點，饅頭、豆漿、豆餅，一樣不缺，口味也沒什麼差別，但客戶像上癮般，寧願多繞個路口也要到海賊店裡，撐不到一個月，屋主只好收攤了事。

大概過了半年或更久一點吧，可能是不甘心，饅頭店再度開張，小小三角平房油漆得光鮮亮麗，還加賣豆沙包和油條，可惜同樣門前冷落，半個月不到，再度關了，如此開開關關幾次，屋主終於死心，任那間破屋子佇立在馬路邊，面對來往車潮獨自憔悴，真是人各有命！

說起命，這阿德碰上海賊也算幸運了，很少人能像海賊那般對待一個沒有血緣的孩子，只為了一句承諾，他不僅把阿德拉拔長大，還供應一切物質享受，曾聽柑仔店老闆娘提起，她的兒子跟阿德同年，進出只有腳踏車代步，人家阿德，騎的是重機啊！

阿德當完兵回來，海賊才讓他到店裡幫忙，從見習開始，不過短短一年時間，海賊就放手讓他全盤負責，自己完全不過問店裡的事，但他可沒閒著，每天客廳裡，海賊眼睛盯著電視看平劇，有時會跟著唱一段，做功、唱腔都有模有樣。

很久很久以後，我們才聽說，阿德的母親，曾是海賊的未婚妻，是個平劇角兒。

阿德經營饅頭店完全跟海賊的事必躬親相反，他把老闆當老闆當，凡事動口不動手，幸好店裡都是跟著海賊多年的老師傅，熟門熟路，不必阿德費什麼心，他只管開門收錢就是。

不知是不是凡事有興衰起落，或是街坊間傳說的氣數已盡，饅頭店興旺了這麼些年，多多少少引來一些非份的覬覦，不過也怪阿德不走正路，一間黃金店面，一夜之間，幾張紙牌就易了主，成了別人的產業，我們乍聽時直覺這是騙局，阿德自己可能也知道被坑了，年輕氣盛，他選擇最激烈的報復方法，一把刀子了結恩怨。

或許恩怨是了了，但房子依然是別人的，海賊這時腰桿沒當年那麼直了，但仍得強撐起精神善後，忙碌半生，最後只剩兩袖清風，一身疲累。

他把饅頭店搬回破落的三角平房，這些年，附近大樓紛紛聳立，只有它，面積小，屋主又無力改建，一直在那裡，地老天荒似的由簡陋而至風華褪盡。

這三角厝像專為海賊而存在，別人屢試屢敗的地點，到了他手裡，卻是風風火火，生意不減黃金店面，也許他就註定該吃這行飯，辛苦的是，到老不得休息。

有人勸他，一個人過日子很簡單，不用這麼辛苦，他總是笑笑不理會，他有自己的想法，每天在店裡小黑板上畫「正」字，像聯考前，教室黑板上的倒數計日一樣，他算的是阿德回家的日子，他堅持是回家，絕口不提「出獄」二字。

每隔一陣子，三角厝饅頭店會固定關門二天，不是公休，熟客人都知道，那是海賊探望阿德的日子，從不間斷，一直到他在蒸籠前倒下。

那時，距離阿德回家只剩十二天。

原載於《中國時報》人間副刊，二〇一六年十月十日—十一日

離別的茄子蝦仁

吳仁麟

上午是文人，下午是商人，晚上是醉人。寫過《半頹廢男人》（策馬入林出版）、《非典型愛情》（寶瓶文化出版）、《下一站，愛情》（時報文化出版）等小說，左手在報紙寫「點子農場」談趨勢，右手在雜誌寫「半頹廢男人」小說談情說愛。

自從五年前在蘇州一起吃了那道茄子蝦仁之後，她和她就常常到不同的餐館點這道菜。

但是，後來不管怎麼吃，都吃不回五年前的那種感動。

那時是秋天，兩個人來到蘇州郊區的那家據說有三百多年歷史的小店。除了點幾個道地的蘇幫菜，就也順手點了這道茄子蝦仁。搭配著當地土產的桂花釀淡酒聊著過往二十多年的人生，那滋味讓兩人一輩子忘不了。

她和她小學就是同班同學，後來，考上不同的高中之後就少了聯絡。再後來，她去了美國、她去了法國，再見面時都已經三十多歲。

兩個失業又未婚的女人於是相約去玩了一趟蘇州，這次的旅行竟然促成她們聯手創業。更精準的說，該是那道茄子蝦仁促成了這個合作。

「妳覺不覺得這道菜簡直就在形容我們兩個？」她問她。

她明白她的意思，從小她和她就是個性完全

不同的人，一個理性嚴謹另一個感性浪漫，一個執行力強另一個愛說愛想。就像跛腳的瘸子和看不見的瞎子，兩人搭在一起完全可以互補的往前走。

而這道茄子和蝦子的組合竟然也和瘸子與瞎子發音如此近似，像是某種命定的隱喻。

於是兩人決定聯手創業，在網路上成立了電商品牌，鎖定單身粉領從歐美進口高價的服飾、食材和餐具，生意愈做愈順利。一下子五年過去，兩人也很自然的發展出了情人關係，不管兩邊家裡再怎麼急怎麼催，兩個女人更不想結婚了。

這一天，她們又一起找了家江浙館子吃茄子蝦仁，兩人的表情看來都像有話要對對方說。

「妳先說吧。」她要她先開口。

「好吧，我有對象了，是個男的，相親認識的，本來只是應付老人家去看看，想不到後來竟然聊得還滿投機的，他對我也很好……」她努力讓自己的語氣平靜而日常。

「我其實早有感覺了，在一起那麼久，很清楚妳的。」她也極力裝沒事，完全不想提她最近和前男友破鏡重圓的事。

兩人同時很勉強的對彼此笑了笑，沒再多說什麼，就這樣斷了過去。

也許，這場景其實只是暴風雨前的寧靜。表面上看來，她和她都有了新的感情，趁勢從情人變朋友看來對彼此都是祝福。

特別是當這兩個女人一旦發現，原來讓她們分手的，竟然是同一個男人的時候。

原載於《聯合報》副刊，二〇一六年十月三十日

便當

田威寧

政大中文碩士。目前為北一女中國文教師。2014 出版散文集《寧視》（聯經）。

「你這次回家想吃什麼？」

「嗯，豬腳好了。」

「我有沒有聽錯？」

「可以滷豬腳給我吃嗎？」

「你不是從小就不吃豬腳？」

「喔，我長大了。可以吃了。」

姑姑沒有記錯，從小挑食的我的確不吃豬腳，但並不代表我不敢吃或是不喜歡吃。

小學時，有幾年在父親的同居人的管治下，喜怒哀樂會自覺地先自我檢查一番。看到餐桌上有喜歡的菜，不夾，因為「那是為了你爸爸煮的。」即便那盤菜剩下了，我還是不會知道是什麼味道，因為「那是煮給你爸爸吃的。」父親當時的同居人是位酒家出身的女子，小時候覺得那位阿姨的年紀好大，現在回想起來，其實當年她約莫三十出頭而已。她濃濃的風塵味，是連當時的我都看得出來的。她有煙嗓，但句子永遠是黏膩的，眼睛永遠是睨著的。她走路輕到幾乎沒有聲音，所以我在家很少說話。她極少出門，在家裡卻總是塗深紅色的口紅與指甲油，擦深藍色的眼影，臉上堆著厚厚的香粉。香水味濃到嗆人，讓人感到只要在家，隨時轉頭都會看到她立在自己身後。鞋櫃滿滿都是粉紫色棗紅色橘色的各式高跟鞋。她總圍著紫色半透明的絲巾，左手的食指與中指間斜斜地夾著菸，總是右腳在上，小腿肚緊貼在左小腿的左邊，右手的的食指和中指勾著晶瑩的酒杯喝白蘭地或威士忌。家裡的酒櫃裡永遠有幾瓶 XO。

阿姨會穿著赴宴的絲質上衣與長裙戴著濃妝在廚房炒菜，再慢條斯理地一道道端出來，過程中還不時對著手鏡補妝。那樣的畫面有說不出的突兀。每道餐點的食材與調味完全針對父親的喜好，所有的水果都切成恰好一口的大小。父親是不吃隔餐菜的。其實阿姨並沒有禁止我們吃那些剩菜，但她對於剩下的份量記得分毫不差，只要隔天冰箱裡的哪盤菜少了一點，即使只是少一兩口的分量，她都會高分貝地嗔怪：「怎麼又遭了老鼠，這老鼠力大無窮還會開冰箱。」關於那些剩菜，阿姨自己吃不完後，是寧可拿去倒掉，也不會拿給我們吃的。阿姨是個非常有原則的人，而我和姊姊其實也是。

父親不常回家，偶爾回家了，餐桌上滿滿的他愛吃的菜。

「怎麼都不夾菜吃？光吃飯？」

「吃不太下。」

「你呢？也吃不下？」

「大概吧。」

我和姊姊互望一眼，默默低下頭一粒一粒地吃飯。父親是個愛好美食但食量不大的人，我和姊姊每次都是默默吞著口水，看著父親優雅地細嚼慢嚥。在公筷母匙尚未發達的時代，我很不喜歡別人夾菜給我，因為那些菜會沾到別人的口水。唯獨對父親是例外，因為父親夾到我碗裡的，我總可以理所當然地吃了吧。偏偏父親不是會幫別人夾菜的人。阿姨的胃不好，瘦得兩頰凹陷，雙眼突出，我也是。父親知道我挑食，卻不知道我常常挨餓。

有一天上學前，我不知怎麼，從起床開始就一直咳嗽。我知道難得回家的父親還在睡，便極力抑制自己壓低音量，但越是壓抑喉嚨就越癢，一邊刷牙一邊咳，一邊換衣服還是一邊咳。主臥室的喇叭鎖突然被旋開，我的心立刻一緊。是阿姨。「你爸爸要我出來看你是不是感冒了？怎麼平常都沒聽你咳嗽，爸爸回家就拚命咳？」我立刻背起書包衝到陽台，套上灰布鞋就直奔下樓，跑了幾步才停下來，放膽用力地咳嗽。

某個隆冬的早晨，我和姊姊穿好外套，拉開玻璃門，正要出門時，主臥室的喇叭鎖被旋開了，我的心頓時一緊，而這次出來的竟然是父親！前一晚不知幾點才回到家的父親已經穿好西裝，梳好頭，笑咪咪地拿著車鑰匙在我們面前晃啊晃，說要送我們上學。我和姊姊坐在黑色賓士轎車裡，感覺自己像是尊貴的小客人。從家裡走到學校，不過短短十分鐘，父親實在沒有送我們上學的必要。事實上，那次也是父親唯一送我們上學的一次。大概所有特別的事都會集中在一天發生，那天阿姨竟然特別幫我們準備了便當。我記得當阿姨從冰箱拿出兩個裝好的鋁製便當盒時，我還想著：糟糕，學期初又沒有交三十元的蒸飯錢，沒有蒸飯牌可以蒸便當嗎？更奇妙的是，父親居然知道我和姊姊破天荒地從家裡帶了便當出門。快到學校時，父親突然靠邊停，右手撐在副駕駛座的靠背，頭往後轉，要我和姐姐把便當拿出來。我和姊姊乖乖地從書包裡拿出了便當盒，父親接過之後，雙手撥開了扣環，掀開蓋子後，父親愣了一秒。我因為父親的反應，忍不住傾前看了看——便當裡頭是白飯，白飯上是一塊小小的滷豬蹄，光是蹄的硬硬的部分。父親露出一種極其複雜的表情，然後，把便當放在駕駛座側邊的扶手收納盒上，再打開汽車前座的置物箱，拿出一家頗負盛名的餐廳的外帶盒，父親慢條斯理地撕開一雙免洗筷，輕輕地夾起那塊豬蹄，用面紙包好，再將一塊塊烤乳豬、叉燒、油雞和炒芥藍整整齊齊地鋪在白飯上。在父親專注地鋪排下，本來空蕩蕩的便當變得好豐盛。我仍記得當時極其複雜的心情，也記得當時自己緊緊握拳，在心裡喊著不可以哭，不可以哭，無論如何都不可以在父親面前掉下眼淚。

整趟車程和父親共度的時間不過十分鐘吧，那十分鐘裡父親僅僅說了：「把便當拿出來。」而我和姊姊則是一句話都沒有。下車時，我和姊姊同時說了「謝謝。」

那天，沒有蒸飯牌的我並沒有把便當拿去蒸，但吃到的每一口都是溫熱的。

原載於《印刻文學生活誌》一五一期，二〇一六年三月

一碗滷肉飯的恩情

孫越

1930 年生於浙江省餘姚縣，本名孫鉞，曾為知名演員，參與多部電影、舞台劇的演出，並主持戲劇、綜藝節目。1989 年宣布退出商業演出，全力投入慈善活動，只從事義務性、公益性演出，包括節目主持、宣導廣告等。

那年，我剛離開「水牛劇隊」，一個人坐上往南投的火車，想到海軍陸戰隊二旅的話劇隊碰碰運氣。在南投下了車，面對孤零零的街頭，回想我的一生（只有二十年），不知道明天會怎麼樣。

不遠處有個賣滷肉飯的攤子。我盤算著身上的錢不知夠不夠，坐下來看了半天，跟老闆說：「滷肉飯一碗，飯請多給我一點，滷肉少點沒關係。」

老闆見過世面，看我準是「落難人」，什麼也沒說，默默盛了一碗飯給我，不只多了飯，還多了好多滷肉。我一口口吃著生平頭一遭滷肉飯，外面寒風冷冽，心裡卻是熱的。那份感覺至今仍忘不了。

以前大家生活都很苦，但人與人之間充滿溫暖的關懷，在患難中彼此扶持、互相鼓勵，如同一家人。就像那位賣滷肉飯的老闆所表達的，不只是人與人之間的友善與關懷，更是他對一個陌生人的愛心。這樣的關懷淡淡的，卻好寶貴，叫我沒齒難忘。從那時起，滷肉飯一直是我很喜歡的食物，滷肉飯提醒了我一段終身難忘的恩情，也提醒我只要有機會，不要吝於主動幫助需要幫助的人。或許有些事對我們來說，只是輕鬆的舉手之勞，但一個小小的舉動，卻可能改變、豐富別人的一生。

這是六十幾年前，那碗滷肉飯教我的事。

讓我穿越到一九四九的蛋炒飯

前幾天吃了一客蛋炒飯，那味道讓我一下子跌進時光隧道。

那是一九四九年，我不到二十歲，跟著裝甲兵司令部，從上海乘「海宿輪」來台灣。糊裡糊塗睡了一覺起來，肚子也餓了，聽說船上有賣蛋炒飯，一個袁大頭[1]能買兩客。摸摸口袋裡還有點錢，就買了一客狼吞虎嚥吃得飽飽的。

第二天肚子餓了，還是很想吃蛋炒飯，沒想到一客變成一個袁大頭，而且整盤炒飯裡沒有蛋！大家邊排隊邊罵：「這些傢伙真狠啊，船一離岸，水手就成了土匪！」北方人有句話說：「車船店腳衙，無罪也該殺」，意思是在危急的時候，總有人趁人之危、投機取巧。

---

1 一九一四年北洋政府以袁世凱為頭像所鑄造的銀幣。

之後的日子，每次吃蛋炒飯，就想起「海宿輪」上那盤蛋炒飯，所以也特別喜歡吃蛋炒飯，路邊攤的、大飯店的我都吃。

朋友來家裡，如果冰箱食材不夠，我就會做蛋炒飯，打幾個雞蛋，多放點蔥花，就能餵飽家裡的食客。以前孩子小，我也常下廚做蛋炒飯，孩子吃得開心，覺得爸爸做的蛋炒飯，比山珍海味都好吃。

「一粥一飯，當思來之不易」，每次吃蛋炒飯時，就會想起這個道理。每個人都有屬於自己和蛋炒飯的回憶，我相信，就算是一盤平凡的蛋炒飯，也會帶你回想許多值得思考與珍藏的故事。

原載於《康健雜誌》二〇六期，二〇一六年一月

人生怎可無簡餐

林德俊

人稱小熊老師。資深媒體人。現任熊與貓咖啡書房創意總監，兼任台灣藝術大學講師並執教坊間寫作工坊、故事行銷、文化美學課程。《聯合報》、《國語日報》、《幼獅少年》、《幼獅文藝》專欄作家。獲五四文藝獎、林榮三文學獎、帝門藝評獎、社會光明面新聞報導獎等。著《樂善好詩》、《遊戲把詩搞大了》、《玩詩練功房》、《愛上寫作的 11 種方法》等。編《愛的圓舞曲——聯副 60 個最動人的故事》等。策畫寶藏巖國際藝術村「詩引子」等文學跨界展演，創辦阿罩霧文學節。於家鄉台中霧峰推展在地文藝復興和友善土地社區行動。

你是否喜歡味蕾的旅行？在舌尖品嘗一個地方，是再平常不過的事。再怎麼標榜人文深度的觀光，若無美食或特產，在遊客心目中便要失色好幾分。肚腹沒塞進什麼，彷佛連心靈也空虛起來。

遇見一家燈光美氣氛佳的店，第一個念頭往往是：「如果能在這裡用餐，該有多好？」漂亮的造景，迷人的氣氛，把我們抽離真實，待在裡頭，得讓嘴巴進行一點咀嚼運動，才有活在當下的踏實感，這是所謂的「咀嚼當下」呀。

行走台北中山北路的風格巷弄，當我看見那些裝潢得時尚有趣的美髮沙龍和設計工作室，也會陷入一種「咀嚼情結」，內心戲上演：「如果下回和朋友見面，就約在這樣的空間吃飯該有多好！」好希望這些店是餐廳啊！不過，為何一定要吃飯？為何不是「就約在這樣的空間舉行讀書會該有多好」？

把疑惑說給內人韋瑋聽，她用食指敲了一下我的笨頭：「你忘了加上咖啡。」她要我把這句話調整為：「如果下回和朋友見面，就約在這樣的空間邊喝咖啡邊舉行讀書會該有多好！」這樣才合乎民情。

開店之後，我漸漸意識到，光是加上咖啡還不夠。「一定要簡餐！」

自從我們的咖啡書房開店後，常有碰巧經過的路人在外頭駐足，臉上掛著發現新大陸的神情，進門就問：「你們有賣餐嗎？」、「什麼？你們是一家書店！」、「只提供精品咖啡？不加奶的！」、「為什麼不賣餐？我們想在這裡吃。以後會賣嗎？」

像這樣興奮而來落寞而去的路人，三天兩頭便出現一個。所以，前頭那句話應該更精準地調整為：「如果下回和朋友見面，就約在這樣的空間邊吃飯邊舉行讀書會該有多好！」思忖了一下，又覺得哪裡怪怪的——如何一邊咀嚼一邊講話呢？就算不辦讀書會，朋友見面總要聊天吧！不是要聯絡感情嗎？

這該不會是「餓壞世代」的餘緒？我的上一輩，民國三、四〇年代出生，許多人都經歷過吃不飽的童年，等到長大出社會，環境改善了，潛意識裡依然擺脫不了「餓壞恐懼」，於是在犒賞孩子或舉家歡慶時會很自然地採取「帶你去好好吃一頓」的方案，而非「帶你去看展覽」、「帶你去聽音樂會」、「帶你去參加路跑」、「帶你去體驗下田」……

年輕人的玩樂定要加上吃喝，應該是傳承自父母的習慣吧！韋瑋說：「這就是我們的文化。沒聽過民以食為天嗎?」管他旅行或聚會,都要吃呀!即便逛書店,也要喝杯咖啡。我知道,多數書店,無論連鎖或獨立經營,沒有賣點吃喝是生存不下去的。只有咖啡還不夠,「一定要簡餐!」因為,這樣才有咀嚼。

「你們這裡沒有提供簡餐啊!」面對客人落寞的神情第N次後,我開始感到莫名的抱歉了。

曾在一家書店看到這句標語「心靈糧食,美不勝收」。看來,應該改成「心靈糧食,美食不勝收」才對。

原載於《聯合報》繽紛心情/青春名人堂,二〇一六年七月七日

推理小說好吃嗎？

張亦絢

台北木柵人。巴黎第三大學電影及視聽研究所碩士。早期作品，曾入選同志文學選與台灣文學選。另著有《我們沿河冒險》（國片優良劇本佳作）、《小道消息》，長篇小說《愛的不久時：南特／巴黎回憶錄》（台北國際書展大賞入圍）、《永別書：在我不在的時代》（台北國際書展大賞入圍）。

如果不是為了讓兇手在餐飲中下毒，推理小說有何必要——要一再提起食物？

也許完全在某些讀者的意料之外：食物在推理小說中，並不一定被用來進行謀殺。小說中充斥著不能致人於死的食物，它們無辜又無害，難道功能只是——讓讀者的肚子咕咕叫？

「要為警察準備食物嗎？」——《私家病人》中，度假型莊園醫院（我們可能比較難理解莊園一詞在英國社會中的階級意涵，大宅一詞也許可以做為補充）中的廚師困惑地問他們的管家。這是個實際的問題，也呼應小說對社會階級的批判性刻劃。警察可是官可是民，階級屬性是曖昧的。

羅賓．波伊頓這個角色，經常可以觸動這方面的敏感神經：他的階級地位也不明確。這令他與其他人都尷尬。而這是透過吃東西一事反映出來的。不像女記者朗妲以其經濟能力，可以買得

「莊園階級的待遇」，羅賓的階級屬性按他的理解力，只能依賴遺囑的內容：如果他在祖父的遺囑中有份，他多多少少，可以跟任職於莊園中的表兄弟姐妹平起平坐；如果他被剔除於遺囑之外，他從母親那裡繼承了被逐出家門的貶抑身份，使他到了莊園，也不得其門而入，他住在給訪客住的周邊小木屋（玫瑰小屋），一個對莊園可望卻不可及的所在——除了抱怨租金有點貴，他也抱怨那「連吃的東西都沒有」。他描述莊園給朗妲聽時，說「聽說餐飲很棒，只不過從來沒有人邀請我去吃一頓。」等到因為謀殺案，他與莊園所有權者醫生碰到面，醫生問他「吃過午飯了嗎？」並說廚師夫婦可以幫他準備吃的——羅賓的失態與失控，是我記憶中推理小說描述中，最為慘傷的一段。「當然還沒。我住玫瑰小屋的時候，你們哪一次供過餐了？誰要你們該死的食物，別想給我施捨！」（頁142）——原來他並沒有那麼在乎食物。或者說，羅賓在乎食物象徵的種種（免於饑餓、被接受的安全感、與人連結的感情需求）到了極端神經質的程度——本可以用「吃過沒吃過」回答的Yes or No問題，引發了他情緒上的山洪爆發。整部小說沒有一句說到羅賓小時候餓過。但如果他七歲喪母，父親也未負起養家的責任，做為孤兒的實質感受，最可能，就是半饑半飽的痛苦。

羅賓的憤憤不平太誇張了嗎？但是莊園裡的生活，為了食物而組織的架勢，確實不同凡響。廚師夫婦來應徵時，只是用來招待他們的茶點就包括「一盤三明治、附奶油與果醬的司康餅與水果蛋糕」。這或許比推理小說中，某些偵探們的正餐，都來得豐富了。史卡德酒癮很大，但似乎胃口不好。卜洛克為偵探史卡德寫過最複雜的菜名，恐怕就是中國餐廳裡的「豬肉蔬菜炒飯」了。其餘千篇一律的三明治偶爾點綴熱狗。三明治是什麼三明治？出現過燻牛肉口味。有醃黃瓜或番茄切片夾在裡面嗎？

同樣以低分過關姿態，對待食物的蘇．葛拉芙頓，處理起三明治，可就繁複多了。但是鐵三角中的女偵探負有顛覆性別角色的任務，很少會在書中以賢妻良母之姿下廚。那麼食物怎麼冒出來？「不知何故，在我的工作中，似乎會花上很多時間在一旁看男人製作三明治。」葛拉芙頓筆下的金絲．梅芳調查案件時，被調查的人似乎都會肚子餓，而餓肚子的男人會一邊說話一邊走到廚房去做三明治。他們的廚藝往往比梅芳高明，而梅芳也不太女性化地要求來一份吃吃。她會動口不動手，滿口稱讚，恰似傳統男性扮演的角色。「當肉在鍋裡煎之時，他將厚厚的美乃滋擠到一片麵包上，另一片則放上芥末醬。」——用吐司與波隆納香腸做成的三明治，真要與史卡德的相比，除了前者明寫出的高油高脂，在內容物上，兩者也許都是不相上下的簡單。但葛拉夫頓三明治顯然是熱騰騰的——史卡德的餅乾，似乎都還比他的三明治來得有滋味。我們知道他去戒酒聚會吃的餅乾，有時是燕麥口味，有時是巧克力——至於三明治的滋味，史卡德既不誇讚，也不抱怨。

史卡德的三明治似乎是形而上的——如果不說無嗅無味。他對食物沒有深愛，除了酒之外。本身是嚴重酗酒者的莒哈斯，認為酗酒是靈性的問題，越是追求精神生活，越有可能酗酒。她說，普羅階級比中產階級更有靈性，所以酗酒狀況更嚴重。

雖然許多推理小說中的偵探都說他們草草打發一餐，但就算草草，也還是有很多種草草。史卡德住在旅館，想必沒有廚房。金絲梅芳住在車庫改建的房子，前男友來拜訪她時，往往會負起為她填滿冰箱的任務。她的房東從前是個麵包師傅，時不時會做吃的送到她家。梅芳有個匈牙利好友（？）蘿西開餐廳——她倆主要的交流，似乎就是蘿西為梅芳決定吃什麼，而且不容她反抗——這應該會令許多人想起母女關係中的對抗與施受。奇妙的是，經常反抗溫情的梅芳，卻喜歡配合蘿西的蠻橫。「我有道菜非常適合妳。是豬肝片加香腸與大蒜醃瓜，再和培根一起煮。另外，我會幫妳做蘋果皺葉甘藍沙拉加香脆的小麵包。」蘿西報出的菜單，唸起來蠻像咒語。我對匈牙利美食並無不敬——但我不知道這些作料在現實中是否行得通。然而如同辦家家酒似天馬行空的菜式，往往無端更引發我的食欲。

派瑞斯基的女偵探華莎斯基會「用前一夜吃剩的雞肉做三明治」、「用洋蔥和菠菜泥做一個餡餅」（令我心中滿溢讚賞與崇拜之情），也曾「將豆腐放進鍋子和菠菜、蘑菇煸炒，和手槍一起端到客廳」。——華莎斯基認為健康食品就是豆腐與菜蔬。她外食，但也是個自煮派。這裡可能包含有意無意的教育功能與階級認同——高檔精品與高檔美食的炫富功能，可能導致受薪與工人階級非理性的消費渴望，它其實是壓迫的手段，或就是壓迫。真正優雅的食物法則，應該是實際、能增進弱勢族群對自己生活的掌控，而非相反。曾聽過以類似概念，增進兒童權益的說法。提倡教導少男少女簡易美食烹飪，不是因應未來在家庭中的家政分配，而是使少男少女，此時此刻就能獨立與自理。自己的晚餐自己煮，掌廚是掌權，也是掌平等。

意識型態的衝突，當然也會在進餐時加劇。在自命溫拿的前夫面前，與魯蛇情同姐妹兄弟的華莎斯基大啖高膽固醇食物，果然引發養尊處優的前夫鄙視反應。前夫問餐廳有沒有新鮮水果？他點菜時這樣說的：「我要草莓配優格，還有什錦果麥，脫脂牛奶配麥片」，令女服務生頗上火氣。華莎斯基還交代了，餐廳從前並不供應這種餐點，是因為「他這種人」搬到了這一區，才做了改變。——講求養生，但時髦被看成刻意的階級傲慢，是矯情，也是自命不凡。在派瑞斯基的邏輯裡，健康很重要，但階級認同與團結，似乎又在健康之上。

這套有上流派頭的早餐，我第一次吃到，卻是在德國的青年旅館，或許草莓的位子給了其他水果。青年旅館的早餐一向是平民風，如果沒有推理小說的上下文，光看餐點內容，不見得看得出餐點的文化階級意涵。德國的什錦果麥令我印象深刻，好吃好弄，泡在牛奶裡吃。吃果麥是奢華嗎？我算過。一包果麥如果吃二十回，一碗單價大概十五到二十元。假如是到早餐店買三明治，只比價，果麥未必較有身價。最圖的是它包山包海，澱粉、蛋白質、水果與纖維質都到齊。比麥片類有嚼勁，又不像麵包類得注意新鮮，有些早上容易嘴淡又沒胃口，果麥就會是我的好朋友——喜歡果麥甚於穀片的原因是，果麥的甜來自果乾，不像穀片有時是全面性的糖。果麥有種介於成人（不甜）與兒童（泡牛奶）間的氣質，它的奢華形象與它的外地性或罕見性或許比較有關，而不見得因為它本身價位。

傲人早餐菜單中的草莓，可能比其他項目來得關鍵。我記憶中有一段找不到出處的描述，美國的偵探在吃到草莓時，會有一份警覺，因為在某個年代，草莓是空運到美國的，偵探吃到草莓，馬上會推理當事人花錢大手大腳，因而考慮起虧空等財務糾紛或債務可能是犯罪動機。食物的形象，會因時因地改變，除了少數文化研究者或歷史學家，這份日常記憶比我們想像的容易流失。當阿嘉莎．克莉斯蒂寫一部背景在埃及古代的小說時，她特別去請教專家的問題就是，那個時代的人，他們吃什麼？雖然推理小說是個有名的類型，擁有一批熱心嚴肅的讀者，會去信小說家，糾正各種細節的錯誤，但是除了滿足有寫實癖的讀者外，克莉斯蒂的考究，應該還告訴我們另一件事。那就是，在跨時代或跨文化的環境裡，有關食物的知識，並不容易憑空捏造。尤其在更遙遠的過去，貿易與交通的區域局限仍存在，推理小說家在餐桌上犯的錯誤，一旦被追查，錯誤可能顯得很誇張。

「請跟廚師說我要清燉肉湯、扇貝佐防風草泥、菠菜加女爵芋泥，最後再上檸檬冰糕，另外還要一杯冰涼的白酒……」這個點菜儀式出自在醫療體系中有實際經驗的P．D詹姆絲，這是先前小孤兒羅賓久仰，但到小說結束都看不到一眼的菜單。不同於美國鐵三角寫到食物時，多少指向生活的樂趣，詹姆斯寫點菜，帶有階級內奸的性質。——就是洩漏讓讀者知道，高檔餐飲並沒有多神秘。羅賓的合夥人這樣描述他和羅賓的生意：「開班傳授不想每次招待上司或帶女友到高級餐廳吃飯都會出糗的新富階級或野心家一些社交禮儀，這是羅賓的主意。」

本格派到幾乎從不寫一個好笑句子的詹姆絲，在這時，如哈雷彗星拜訪地球般地給了我們她難得一見的幽默感：

英印（印度）混血的巡佐班頓問道：「我以為有錢人不會在意這些，他們不是都自創規則？」

班頓看起來像個印度人，我們從羅賓對他的言語攻擊中得知的。詹姆絲時不時帶到這個議題，那就是種族歧視固然在英國受到批評與改正，但是從階級的角度，有一群緊抱傳統價值的英國白人，從勞工階級融入中產階級，「從來沒有哪個具備社會關懷的營利事業或心理機構，從匱乏或貧窮的角度，分析或免除他們的不如人感。」了解這個問題的朗妲，也不打算在記者生涯中撥出心力給這個群體，十六歲就開始端盤子的朗妲，最想要的就是擺脫她的原生族群。

因為父母相愛甚深，且有對印度的愛做為情感後援，比較是有印度臉而非印度認同的班頓，對父母與印度反而有某種良性疏離。我們看到，他對羅賓的挑釁不為所動，展現出的平和與自制，顯示他是一個受到適度保護的成人。或許關鍵並不在於英國社會政策更看重提高種族自尊，而是班頓屬於《大亨小傳》中主述者的那種背景，我們可以想像班頓的父親一樣會給班頓這樣的教誨：「當你要開口批評別人時，不要忘記，不是每個人都像你一樣佔盡便宜。」根據班頓的自述，他與自己的女友是「不管再怎麼努力，都無法甩掉身上那種受過良好教育的氣質。」

如果我們貼近詹姆絲思考的脈絡，社會不平等的結構不完全來自種族或財富累積的能力，還存在一個較難分析的元素，姑且成為「父母職能高低」。啟動這個元素的人物未必是血緣上的父母，我們知道買下莊園的喬治醫生，更受惠於其祖父，但不只是受惠於祖父經濟優渥，祖父也是「高職能父母」，他「幫喬治支付昂貴的學費」的另一面就是，「能屈就博恩茅斯的頂樓大廈」。有錢並不夠，這個人要願意犧牲自己的某些享受把錢用在孩子身上——享受是無盡的，擁有高職能父母真正意味地是，在生命中擁有某個能為你的未來，節制自己欲望的人。朗妲的酒鬼父親雖然給她充滿羞恥感的童年，但仍在她離家後，「每週寄來五英鎊的支票」。詹姆絲毫不留情地寫出羅賓身上的無教養弱勢，他雖然也有闊綽的外祖父，但在生前不認他。他的起點不是父母職能的高與低，如同喬治與朗妲的差異，而是連起點都闕如——他和朗妲吃飯都由朗妲買單，這很容易被看作人品有問題。但是如果了解兩人的成長背景，朗妲確實扮演著不自覺的代理父母，且因為她本身擁有的父母職能也偏低，她的付出帶有承襲而來的省儉性格——不是從物質，而是從感情的角度而言。羅賓可以說在延長他的童年期，但之所以延長，原因就在於在主客觀上，他還未得到基本滿足。對吃食計較、怕吃不到東西——這是非常原始的兒童行為。

我們知道班頓巡佐會「在諾丁頓的農夫市集買菜」，在追求女友時，也覺得精心挑選的餐廳貴得吃不消，但他會「自己下廚討她歡心」。他盡孝道的方式，也是為父母煮一頓飯。雖然小說沒有寫出菜色，但這是一個對自己廚藝有信心的男人。詹姆絲似乎有一種信念，均衡的人不會忽略食物，但傾向容易滿足：班頓會記得華倫警官早上帶來的「六個鮮美多汁的康瓦耳餡餅，味道一級棒」。雷娜女士，一個內在優雅的兇少更生人監護人，她說的每一句話，幾乎都展現了可靠的父母職能特性，而她出現時的第一句話，是回答凱特巡佐旅途是否愉快——雷娜女士這樣說：「我坐靠窗的位置，沒有小孩吵鬧或是劈哩啪啦愛講手機的人。餐車的培根三明治很新鮮，景色很美，對我來說是趟舒適的旅程。」

我想，我應該不是唯一一個在「培根三明治讚美詩」之前，感到驚奇的讀者。如果讓我選擇，我覺得，餐車的培根三明治，遠比會誘發某些人嚴重匱乏感的莊園餐，要可口多了。

儘管各家推理小說批判社會的力道與深度不一，但除了極少數例外，我們可以說，許多推理小說家擁有某種「知足常樂」的天賦與興趣。在搜捕罪犯的同時，他們也熱心介紹各種不求聞達、無入而不自得的身影。貪心是許多謀殺案的遠因。當梅西．米勒描寫某位女士「低頭看著她的沙拉，開始用叉子在盤子裡挖掘，彷彿可以在明蝦和生菜中找到某種東西，來緩和她尚未痊癒的傷口……」——不能被填滿的空虛歷歷在目，兇手或許就在不遠處。

悲哀、沮喪或痛苦的人，有可能藉著食物得到救贖。在車禍中喪失兒子的父親，因為能做出令人垂涎的三明治，甚至與前來調查的女偵探分享（沒錯！又是金絲梅芳那傢伙，那麼樣地有口福。），可說是療癒心傷的第一步——這個描寫和解的段落，食物不是背景而是角色。

解釋階級的印記或散播享受生命的態度——這一類食物在推理小說中的任務，通常並不明顯。食物在推理小說中較突出的角色，恐怕還是它的喜劇性格。當然，在陰鬱的小說中，就連食物也顯得慘傷與悽厲，下面這個出色的例子出自《眼中的獵物》這本書：「鬆糕嚐起來有如橡皮，裡面的藍莓看起來像隻被打扁的紫色蒼蠅。」——可憐的藍莓，我不知道有什麼其他水果在推理小說中，享有比它更糟的聲名。從法醫莫拉系列改編成電視影集的《妙女神探》，其中有一集，狙擊手射擊完後，在現場還留下藍莓鬆餅的嘔吐物，除了顯示兇手在開槍後噁心到吐，還表示兇手殺人前吃過藍莓鬆餅。又是藍莓！藍莓造了什麼孽！

但是我個人頗相信，在影集《妙女神探》這個例子中，編劇很可能無意識受到阿嘉莎·克莉斯蒂的影響。克莉斯蒂有個短篇寫過，就是因為餐廳女服務生，提起某位常客改變了用餐習慣，而引起偵探白羅的疑心。黑莓在這一篇中扮演了搶眼的角色。推理迷的腦海恐怕都很難，揮去這個有趣的小故事，而「莓果類」也因此，較大部份的水果來得有犯罪氣質。

蘋果也曾在謀殺中插上一腳，導致本來愛吃蘋果的克莉斯蒂筆下的推理作家奧立佛夫人，難過到改吃棗子。詹姆絲的小說寫謀殺後，廚師不敢上燉肉，管家說：「豌豆湯很好，熱騰騰，營養又有安撫作用，而且有現成高湯……食物盡量簡單好嗎？我們可不希望看起來像教會的秋收祭。……」這種段落是詹姆絲學不來克莉斯蒂的地方。克莉斯蒂最難學的不是她的詭計，而是她的嘲諷──「知識份子都很容易肚子餓」──有次她這樣寫道。克莉斯蒂的嘲諷，效果往往深到，我總是要用肚子笑，她尤其知道要簡潔。詹姆絲終歸是不能寫喜劇的，這不一定是缺點。我第一次讀到《謀殺之心》時，簡直快樂到不行，雖然整本小説，連一個笑點也沒有。如果是克莉斯蒂，她絕沒有那麼容易放過豌豆湯……。好笑總是需要一點安那其的。詹姆絲是個有使命感的作家，克莉斯蒂也是，可是後者的靈魂比較安那其。

這種安那其是切斯特頓式的，他筆下的偵探布朗神父不常在吃東西，但他的臉長得就像「……一顆諾克斯糰子」──根據注釋，那是一種裡面不帶餡料的湯圓。有時也被譯為水餃。「把警察做成香腸」──他的一個人物這樣喊道。在〈藍色十字架〉中，布朗神父光用調味品就可以識破身旁人是否偽裝：「一般人要是喝到咖啡裡加的是鹽，通常都會鬧起來；如果不鬧的話，想必有什麼不能鬧的理由。」切斯特頓實在是太細膩了。這時，派瑞斯基的粗野就有著另一種令人驚愕的風情，讀到「……我受不了再用威士忌配花生醬打發晚餐……」──我被激到立刻從心底回嘴：我也受不了！光用讀的，我也受不了啊。

偵探誇張的飲食惡習，除了回應我早先説的用食物搞笑的詼諧功能，它也幫助讀者放鬆。就像喜劇裡屢試不爽的跌倒或撞到，它沒深度沒內容，但偵探在進食選擇上或過程中的憂煩或亂來，回應的，不過是讀者都會有的生活經驗──那些磕磕絆絆。

除非是有飲食問題如厭食症，對一般人而言，光是食物的名稱或是在場，就能喚起安定與溫暖的情緒。推理小說，似乎視作者有多強的撫慰讀者傾向，會決定食物佔篇幅的份量。克莉斯蒂的《隱身魔鬼》，一本典型撫慰性大於一切的作品。小說開始沒多久，兩個主角對大快朵頤的熱烈程度，幾乎就表示了，這個故事不可能太淒涼。這個我定義為克莉斯蒂最餓鬼的一本小說，也反應了特定的歷史時空背景：戰時的節衣縮食與戰後的尚無著落。但是兩個主角點菜的興致，顯示了生機勃勃。

最後，下面三個例子分別示範了如何運用食物出現的場景，融入個別作者特殊的懷抱，這些都是拿掉之後，完全不影響破案與否的旁枝，然而卻可以使我們一窺此類型的寫作，容納了多麼豐富的風格與筆法：

派瑞斯基不懈地進行日常生活性別政治的分析，這是小說化的女性主義批評：

……吃了幾口之後，我不得不承認——只在內心承認，吃東西真的能讓人覺得生命美好一點。牛排煎得恰到好處，褐色外層焦脆，內層仍是紅的。他用蒜頭爆香煎了一些菜，也沒忘掉我的飲食習慣，帶來一盤沙拉。他很會烹調簡單的菜式，全是鰥夫生涯中當成嗜好練成的本領。他太太在世的時候，他除了進廚房拿啤酒，從來不曾下廚。（頁171-172）

——《暗紅殺機》。

葛拉夫頓利用這種橋段，發揮混合了誇大與微妙的反諷：

……為了確保食物種類的多樣化，我購買了幾種不同的漢堡：麥香堡和大吉事漢堡。我還買了兩種份量大小不同的薯條、洋蔥圈，以及份量大到足以讓我們每隔二十分鐘就想去上一次廁所的大杯可樂。我還買了三盒有漂亮繩線提把的動物餅乾。（頁280）

——《法外正義》

坂口安吾的寫作，則近於歷史性的社會經濟調查，不無報導文學的政治性：

……明治二十年左右的平均每日工資……工資最高的是洋裁師傅，一天四十錢。……貧民窟……好一點的剩飯一百二十泉（譯注：泉，重量單位，約3.75克）一錢，燒焦的一百七十泉一錢，剩菜一人一度分一厘……平均一人吃剩要花費六錢……（頁209）

——〈時鐘館的秘密〉，收於《明治開化安吾捕物帖》

原載於《自由時報》副刊，二〇一六年十一月一日

法式焦糖布丁

宇文正

本名鄭瑜雯，福建林森人，東海大學中文系畢業、美國南加大東亞所碩士，現任聯合報副刊組主任。著有短篇小說集《貓的年代》、《台北下雪了》、《幽室裡的愛情》、《台北卡農》；散文集《這是誰家的孩子》、《顛倒夢想》、《我將如何記憶你》、《丁香一樣的顏色》、《那些人住在我心中》、《庖廚食光》、《負劍的少年》；長篇小說《在月光下飛翔》；傳記《永遠的童話——琦君傳》及童書等多種。作品入選《台灣文學30年菁英選：散文30家》；近作《庖廚食光》獲選「2014年開卷美好生活書」、講義雜誌2015年度最佳美食作家。

天黑了，拿著遙控器胡亂選台，大姆指按著按著，她的視線在這個頁面上停留了下來：四大洲花式滑冰錦標賽。場上是楓葉國的選手，一個雙人三迴旋跳，而後快速扭轉托舉，真美啊，這樣的雙人冰舞！她對運動毫無興趣，唯獨喜歡看花式溜冰，冰晶世界裡的迴旋曲，是最華麗的運動。她的大腦汩汩湧出渴望，甜點，法式布丁，燉奶，薄脆如冰的焦糖……

把牛奶與鮮奶油倒入小鍋，小火加溫，木杓輕輕攪拌，直到冒出煙氣，周邊微微起泡，啊，優美的燕式旋轉。蛋黃、細糖放碗裡迅速打發，是輕盈的小兔跳。小鍋裡的牛奶慢慢倒入蛋液裡，拌勻，一個後外圓弧的舞步，滑行……

冰舞最美的是必然伴隨著樂曲。莫札特〈第23號鋼琴協奏曲〉，來到最有魅力的慢板，平靜的秋，寂寞的黃昏……

把調好的牛奶蛋漿淋篩，濾過雜質，一個華爾茲跳；細心倒入幾個小烤杯，滑過一個一個三字步。大烤盤裡倒入一大碗溫水，再把烤杯泡進溫水中，整盤放進預熱過的烤箱，160°C，預設四十分鐘，這就完成了燉蛋序曲。

她找出前年在歐洲買的耶誕專輯《貝多芬的最後一夜》，幾乎年年都有冰舞好手選擇這支搖滾樂劇。她閉上眼聆聽，別睡著，可不能烤過頭。老公未歸，還早呢，他們這種 7-11 族的工程師。

看他溜冰是多少年前的事了。無冰，只是普通的四輪溜冰鞋，在學校圓形水泥溜冰場上，清晨她散步途中，有個男孩一大早便在那一圈一圈溜著，中間偶爾躍起，做一簡單迴旋，在她眼中已經是厲害的高手了。她索性趴在欄杆邊上觀看，可能因為小時候曾經跟爸媽去看過美國白雪溜冰團，隱約記得極華麗的歡樂歌舞、大羽毛扇、天鵝……

那天她夾在爸爸媽媽中間。看溜冰是一則被愛的印記。後來爸媽離異，她跟著爸爸，後來有了客氣的新媽。中年後，新媽發福得厲害，她心中的母親一直是跟白天鵝的記憶交疊在一起的。生母在來不及發福的四十出頭便病逝了，消息從夏威夷傳來。母親最後落腳在夏威夷教中文，她在台灣時是英語教師，業餘畫畫，過世時留給她一小筆積蓄和一大批畫。那些畫堆放在房間一角，她沒有足夠的牆面展示那些畫，也是顧慮新媽的感受，只掛了一幅約四開尺寸的小畫，畫著一扇窗，窗外一束紫藤垂下，角落簽名旁註記的時間距離母親臨終只有四個多月。她的房間無窗，就把這幅畫，當做房裡的窗。那男孩一圈一圈溜著，把她引進記憶的窗口，她趴著看，其實沉浸在自己的冥想之中……忽然男孩通過她身邊時一個迴旋，噢！那樣的摔法，算四腳朝天嗎？她先是驚愕，看他訕訕地坐起，自言自語：「不能在女孩子面前耍帥！」她噗哧一聲笑出來。

第二天她散步經過溜冰場，他已在那兒滑行了。她以前經過這裡時也看過別人溜冰，但水泥地的小溜冰場上轉圈，並沒有她童年裡冰宮的華麗印象，反而常令她想起曾在動物園裡看過的一隻狼，嘴裡啣一根木棍不斷地繞圈奔跑，被拘囿的狼，竟懂得自我鍛鍊，保持戰鬥力，她看得有些心酸，童話裡的「大野狼」呢！但是這個男孩，此刻不再因為她的出現而心慌，他有時前行，有時倒滑，寫著狂草那般大器揮毫，看著，竟不覺得這場地是有邊界的。她正要走開，男孩朝向她一路筆直滑行而來，那一刻，眼前堅硬的水泥地化成柔軟的水面，他滑水一般破浪前來，來到她的面前，逼近她的臉龐。她不知道別的女生是如何知道自己愛了，愛情就是這樣到來嗎？

他試著教她溜冰，完全學不來！他牽著她的手，慢慢引導，一放手她就尖叫。他尷尬極了：「妳別這樣叫，人家以為我對妳做了什麼！」他從沒見過平衡感這麼糟的人，他想起前女友，人家一學就會！這念頭一來，他馬上閉嘴，知道自己犯了大錯，比較是一種糟糕的事。他有個從國二就認識，在一起多年，後來自己也不知道為什麼就分手的女朋友。分手後仍然不時聯絡，有時他們在一起，前女友電話來，他看一看，不接，她心下明白。這種事令她心煩，也想起母親。

母親相戀多年的男友沒有選擇她，和別人閃電結婚了。她嫁給父親始終抑鬱，在她出生後，舊情人重新召喚她的情感，母親在痛苦中選擇一個人避走海外。對她而言，母親是遺棄了她。她知道父親不曾忘記過母親，於是覺得新媽可憐。新媽來時她已經十一歲，大人說，喊阿姨也可以的，她卻願意喊她媽媽。十五歲那年生母過世，父親獨自去夏威夷為她收拾一切。那些日子，家裡剩下她和新媽，有一晚，新媽抱了抱她，她抬頭發現她掉了眼淚。後母不一定是巫婆。雖然她隱約也知道，那眼淚也許是為她自己流的——她的男人丟下她倆去為前妻善後——她仍然看到了新媽的善良，比起她驕縱的生母，新媽是委曲求全的。那也是新媽唯一抱過她的一次。過後，她就長大了。

人們都說舊愛最美，她只覺得舊愛真煩。她絕不要攪進去！她躲了他半年，改變作息、改變生活動線，卻在跟同學們跑市府廣場跨年的洶湧人潮中遇見他。倒數計秒時，他倆遙遙望著彼此，口裡跟隨眾人：「18-17-16-15-14……9-8-7-6……」煙火轟地炸開，他排開人群走向她，一如那日清晨溜冰場上，朝向她，劈開水面那樣地撥開人潮。

他們抬頭看天空，伴著新年音樂的煙火，一朵一朵大開大放。

烤好的燉蛋得放進冰箱冰兩小時，他回來的時間剛好，剛好幫她處理她做不來的部分。她把細紅砂糖均勻撒在燉蛋表面，「快，把你的家私拿出來！」

那是一把火槍，須均勻燒炙燉蛋的表面，讓糖粒融化又迅速凝結成整片薄脆的焦糖。她很怕那把槍，一拿就發抖，怕太近、燒炙太久會焦掉，移開時一緊張一邊尖叫一邊朝空中亂噴。他看不過去，「旁邊有易燃物哪！」趕緊接手過來，奇怪了，什麼菜也不會做的他，拿起火槍卻掌控自如。他說：「這就跟我們做板子用的熱風槍差不多啊。」「做什麼板子？」不是工程師嗎？怎麼聽起來像個土木工人？「主機板。」「在學校學的嗎？」「在學校裡還用過乙炔切割器，那連鋼板都能切！」講得很厲害，她只需要他幫她熔化燉蛋上的糖霜而已啊。

看他手持火槍游刃有餘對著一個一個小烤杯畫圈圈，啊，單人旋轉，滑步，單人旋轉……她保持距離，就像她始終學不會溜冰，只能遠觀，不能模仿《第六感生死戀》裡男女主角共塑陶坏的一幕……火槍，絕不是浪漫的加溫器！

原載於《自由時報》副刊，二〇一六年二月二十四日
後收錄《微鹽年代．微糖年代》（更改篇名為〈愛情就是這樣到來嗎？〉），台北：遠流出版，二〇一七年二月

蔬食

拚一副菜園肚皮

焦桐

1956年生於高雄市，曾習戲劇，編、導過舞臺劇於台北公演。出版詩集《完全壯陽食譜》被誤認為美食家；就此「誤入歧途」，鑽研飲食文化成痴，創辦《飲食》雜誌、編選年度《飲食文選》；耕耘飲食文學二十載，人稱「飲食文學教父」。

已出版著作包括詩集《焦桐詩集：1980～1993》、《完全壯陽食譜》、《青春標本》，散文《在世界邊緣》、《暴食江湖》、【臺灣味道三部曲】；《滇味到龍岡》、《味道福爾摩莎》、《蔬果歲時記》《味道臺北舊城區》等等三十餘種。編有年度詩選、年度小說選、年度散文選及各種主題文選五十餘種。

五〇年代末，尚未重工業化的高雄市，我正在念國中，奉命每天去陪外婆種菜。外婆的菜園在愛河畔的老家，毗連著外公的水稻田和舅舅的木材工廠，她每天從漢口街的舅舅家步行到中華路的老家，種菜，順便蒔花，餵食數目甚少的雞鴨。她七十幾歲了，仍勤奮不輟，鋤頭就放在菜畦，鋤累了，身體就倚著鋤頭休息。那是外婆晚年的「休閒活動」吧。我每天放學就騎腳踏車去陪她種菜；天黑前，腳踏車載滿收刈的青菜，祖孫兩人步行回家。

我不確定那些青菜是否挹注過一個貧窮家庭。外婆的子女中以母親最歹命，遇人不淑；外婆一定想以休閒活動所生產，幫助她心疼的二女兒。然則我非常不甘願每天去種菜，貧窮不見得要種菜，何況我並非閒閒沒事幹，明明還有一大堆功課要作，一大堆試要考。我不甘願地挑水桶、糞桶到菜園，拿著長勺隨便揮灑，敷衍了事，其實這些工作大部分還是外婆負責。我想起沉重的功課，和翌日的考試，覺得前途就像快速都市化市區裡的這一畦菜園，蹇促，缺乏希望。天色漸暗，外婆收割好茼蒿、空心菜、韭菜、蔥，蹲在菜園邊的灌溉溝渠清洗根莖上的泥土，我覺得我的前途跟著那些泥土流失了。

天色黑了，外婆已年邁，步履遲緩，我努力壓抑著一些不耐煩的情緒，牽著腳踏車和她正要穿過汽機車呼嘯來往的中華路，我趁車行空檔迅速穿越馬路，看對面的外婆還遲疑不敢通過。我覺得等了很久，想起功課和考試，越來越焦慮，隔著來往奔馳的汽機車對她咆哮：「趕緊啦！我還要轉去寫功課。」我記得我的外婆，我清楚記得她蒼老害怕的形容，站在對面遲遲不敢過來。黃昏的天色透著薄涼，奔匆的汽機車急急馳向黑暗。

幾十年過去了，我總是看見她的背影，那畦菜園在記憶中越來越大，那條灌溉溝渠奔流如溪，「殷勤繞畦水，終日為君忙」。

中國知識分子咸信躬耕的生活美學，大概認為農事單純得與世無爭，尤其在政治逆境後，往往想退隱鄉間從事農務，遠離帝力。蘇軾謫居儋耳時，到市集買米，覺得不是勞動所得，即使飽食也殊乏味道，愧而作〈糴米〉，前八句：

糴米買束薪，百物資之市。

不緣耕樵得，飽食殊少味。
再拜請邦君，願受一廛地。
知非笑昨夢，食力免內愧。
春秧幾時花，夏稗忽已穟。
悵焉撫耒耜，誰復識此意。

有農務經驗的人皆知，此種生產美學（aesthetics of production）包含了專業知識、技術、工具、產品、環境、經濟，和體力勞動，這年頭更牽涉道德。通過勞動所獲，除了物質收益，亦能激發喜悅，振奮情緒；那是疲憊厭倦之後的滿足和安慰，協調了精神與身體。

蘇軾的勞動美學是很可以理解的，〈和陶勸農六首并引〉敍述海南人以買賣木香為業，不事農務生產，到處是荒廢田園，導致糧食不足，只能取藷芋雜米煮粥糜，因而規勸大家改進農具，開荒耕種：「聽我苦言，其福永久。利爾耡耜，好爾鄰偶。斬艾蓬藋，南東其畝。父兄搢梃，以抶游手。」

一日下午走在杭州南路，見路邊一小板車，上載些自耕蔬果，南瓜、香瓜、哈密瓜、鳳梨、紅蔥頭、蒜頭，並無菜主，自取貨物，自找零錢。范成大的詩境常澆灌我的農務想像：「桑下春蔬綠滿畦，菘心青嫩芥台肥。谿頭洗擇店頭賣，日暮裹鹽沽酒歸。」擁有一畦菜園是莊嚴的，高尚的，自食其力，吃不完還可以販售。

直到中年我才真正歡喜農作，歡喜跟土地那麼接近，我夢想家裡有一畦菜園，每日採摘烹煮，嚮往蘇軾〈擷菜〉的境界：「秋來霜露滿東園，蘆菔生兒芥有孫。我與何曾同一飽，不知何苦食雞豚。」我逢人打聽是否有適合的農地租售？

我也是中年以後才逐漸愛上蔬食。江含徵評《幽夢影》：「寧可拚一副菜園肚皮，不可有一副酒肉面孔。」

焦妻見我一天到晚在外面暴飲暴食，酒肉面孔委實可憎，大概又不想太早變寡婦，遂請外傭每天早晨用大黃瓜、苦瓜、青蘋果、青椒、芹菜五種蔬果打汁，命我出門前先喝下；我嫌滋味欠佳，建議加入奇異果或鳳梨；有時覺得味道太淡，自作主張多吃了一根香蕉。如果當天的早餐吃清粥小菜，則蔬果種類累積超過十種；焦妻搖搖頭，連蔬果也能暴食。

多年來我都維持著這種習慣，刻意的生活方式也許是一種懷念的方式。我常追憶一起在江南吃馬蘭頭拌香干，風味極妙。

一次在南門市場買到薺菜，驚喜之餘竟忘了問哪裡種的？後來再去，皆尋菜未果，久而已不復問津。薺菜是浙東人常吃的野菜，野菜總是比菜園裡種的蔬菜多一些清香，吃起來令人放心，帶著一種舒爽的田園風。陸游〈野菜〉：「老農飯粟出躬耕，捫腹何殊享大烹。吳地四時常足菜，一番過後一番生。」陸游超愛吃薺菜，曾作五言古詩詠薺菜。我在上海較常吃到的薺菜是涼拌——先焯過，切碎，拌切成細丁的香干和薑末，再澆一點香麻油、醋。上桌前，通常摶成寶塔形，動筷子時再推倒，拌勻。

另一種我愛吃的野菜是金花菜，又喚三葉菜、苜蓿，上海人稱「草頭」，原本是馬在吃的，如今已馴化成園蔬，我難忘獨自在「德興館」大啖草頭圈子的痛快感。

我超愛吃水果，卻是不及格的失意果農。木柵舊居有前後院，加起來不下六十坪，除了栽植花草，我還試種桑葚、柚子、番石榴、木瓜等果樹，說來羞愧，大約十年間，總共僅收成過二粒其貌不揚、其味惡劣的柚子。非失耕之罪，可能是院子太缺乏日照。將來若得一小塊日照充足的土地，我很想復耕雪恥。

台灣堪稱水果之鄉，連雅堂《台灣漫錄》載：「台灣果子之美者，有西螺之柑，員林之蕉，鳳山之鳳梨，麻豆之文旦」；如今物換星移，好果競出轉精，諸如旗山之蕉，三灣之梨，拉拉山之水蜜桃，恆春之蓮霧，玉井之芒果，南投之鳳梨，高雄之荔枝，彰化之葡萄，屏東之龍眼，台東之釋迦，花蓮之西瓜……

只有蔬果才能表現季節的節奏感，肉食難以體會季節性，我們什麼時候吃什麼肉，差別甚微。古往今來，農民們依循節氣變化，栽種適時的蔬果，以求收穫豐碩。農諺：「正月蔥，二月韭，三月莧，四月蕹，五月匏，六月瓜，七月筍，八月芋，九芥藍，十芹菜，十一蒜，十二白」。購買與食用當地當季的新鮮蔬果，美味，平價，保護環境，也保護人體，令飲食配合大自然的節奏。

不像肉品以肉質香（Osmazome）征服吾人的味覺，蔬菜表現雲淡風輕的美學。世人多覺得清淡則寡味，因此素不如葷，其實清淡之味與美食並不衝突，反而更能貼近原味。關鍵在廚師的手段。任何食材淪落獃廚手中，都只能拜託佛祖保佑；唯高明的庖人能令各種食材表現各自的優點，唯舌頭敏銳的美食家能欣賞清淡味。

蔬菜之美在於清淡，我認為鍛練味覺可以從季節時蔬開始，味蕾若疏於品嘗清淡之味，一旦習慣了重口味，就變得呆滯昏眊，再難以欣賞清淡之美。蔬菜的清淡美帶著禪意，甚至連接了天堂。日本詩人川端茅舍的俳句：「ぜんまいののの字ばかりの寂光」（滿眼薇菜盡の字，寂光淨土界），薇菜的形狀像「の」，這俳句用了四個の字，許多の字疊在一起，除了狀薇菜之多，予人寧靜之感，「の」的聲調反覆出現的回聲，暗示靜寂的佛土。

青蔬不見得總是配角，在高明的廚藝下，隨時可以獨當一面。有一天中午餐館試菜，老闆以花椒爆香，將綠豆芽掐頭去尾，過滾水後入鍋稍微煸炒，暴躁的花椒提醒了豆芽菜的清新脫俗。這是一道厲害的開胃菜，它召喚的食慾來勢兇猛，那一餐我胖了三公斤。

蔬菜通常以菜心為美，菜梗、菜根等而下之，嚼菜根因此轉喻為勵志話語，菜根通常是苦的，嚼食乃有很深的寓意，略帶苦味，苦中又透露一絲絲甜，俗諺「咬得菜根，百事可作」，鼓勵人們能勇於吃苦。白蘿蔔就有一點清苦，可有些菜根不苦，如慈菇、番薯、蘿蔔、山藥、馬鈴薯之屬。

清苦並不可畏，相對於其他行業，文學創作即稍顯清苦，寂寞自持，帶著嚼菜根的意志，將來，將來有一天。不管事業是否有成，將來，還是要繼續嚼菜根。

食物精緻、清淡到一定程度，必須仔細品賞，認真吟味。尋找美食即是尋找美。如今我依然每天早餐吃下近十種蔬果，空腹喝的那杯蔬果汁，有一點點苦，一點點酸，略甜，強勁的生蔬味，諸味紛陳。可惜焦妻看不到我如此認真拚一副菜園肚皮。

收於《蔬果歲時記》，台北：二魚文化，二〇一六年

載於《聯合報》副刊二〇一六年八月四日

野菇之秋

言叔夏

1982 年生，政治大學台灣文學研究所博士班畢業。現為東海大學中文系助理教授。曾獲林榮三文學獎、九歌年度散文獎、國家藝術與文化基金會創作補助等獎項。著有散文集《白馬走過天亮》。

秋天到了就想吃野菇椎茸炊飯了。或者栗子南瓜蒸飯也不錯。總之是各式熟爛物事。將洗淨的野菇與薑絲以麻油清炒，放入鍋中與米慢慢炊熟。厚沉沉的土鍋在瓦斯爐的小火上發出嘟滋嘟滋的聲響，從鍋蓋的孔洞那裡，冒著細小的白煙。因為等待的時間還很長，於是可以就著餐桌的一角，把一本書從日暮讀到天黑。

那樣的時候，貓也會來到我的腳邊，毛球一樣地蜷成一圈，不時用尾巴掃著我腳踝骨凹陷的地方。「你在幹嘛？很癢啊！」這樣像傻瓜一樣地呵呵笑著，邊不經意地把書頁繼續讀下去，不久貓便呼嚕呼嚕地睡去了。廚房裡瀰漫著野菇被炊熟的香氣。已經可以吃了嗎？肚子開始餓了。再燜煮一會吧。現在打開的話，米心可能還不會炊透。

米心到底是什麼時候被煮透的呢？在斜斜的日光，正緩慢退出窗外的餐桌時，我不經心地想著。那一顆純白色的米粒，像拭去霧氣一樣的某個早晨，從核心的地方開始慢慢擦拭。玻璃凝結著水珠。秋日的黃昏隱去的時候，一切都捲曲泛黃了。在不開燈的屋裡，書頁上的字，愈發模糊不清了。秋天的天黑下來，就像是從很高的天空滑下來，咻地讓人覺得忽然冷了起來。黃昏的黃從光線裡全部隱退的時候，屋裡只剩下一種很深很深的藍黑色。因為空氣裡那有點寂寞的涼意，還有廚房裡溫暖的食物的氣息，忽然會讓人記取遙遠時期的某個風景。

天黑下來的時候，應就能打開鍋蓋，用飯匙好好地將野菇與米飯拌勻。窸窸窣窣地做著這些的時候，貓亦起床了。在地板上伸長了四肢。忽然走到了我的腳邊，嚴肅地對我發出了喵喵的叫聲。這個下午，牠必然是做了一個只有自己知曉的惡夢。

很想知道貓到底做了什麼夢。貓的夢裡，也有我的倒影嗎？邊翻攪著鍋裡的米飯，邊用飯匙搧了搧熱氣。這些野菇，是母親從南方的老家寄來給我的。母親對於我搬到這樣一個奇怪的郊外房子，存有不很切實的擔憂。總是在 Line 裡丟來令人匪夷所思的訊息：

「別吃那邊的野菜。野外的東西都有毒。」

「還有，別在貓面前換衣服。」

「為什麼？」

「那還用說，當然是因為人類無法知道貓到底看到了什麼啊。」

貓會看到什麼呢？而那些秋天的語言，都去了哪裡了？當我說「語言」，我想說的究竟是語言，還是關於語言的回憶？在這漸次變得愈發漫長的黃昏裡，米心總是有一些沒有透的。它們在我臼齒的縫隙裡卡榫一樣地鑲嵌著。不在晚飯後的一杯熱茶過後，對著鏡子用竹籤戳弄，是不會舒坦的。這樣的日子，十月裡總要過上好幾日。

原載於《聯合文學》雜誌三八四期，二〇一六年十月

農忙

朱天衣

出身文學世家，父親朱西甯、母親劉慕沙，姊姊朱天文、朱天心皆為台灣當代文壇知名作家，一家五口皆為文藝創作者。三姊妹在大學時即創辦三三書坊，後來從事兒童寫作教學二十餘年。著有《三姊妹》、《下午茶話題》、《帶我去吧，月光》、《我的山居動物同伴們》等書。

白露為霜秋節過後，便著手把後面的菜園重新整頓一番，今年入夏以來，這約三百平方米的土地除了種滿百來株的糯玉米，還搭了棚架種上各式瓜豆植物，靠地緣處則植了一排薑、幾株洛神花及各式品種的辣椒，去年自行落種的紫蘇、九層塔（羅勒）今春發了芽，至夏天便茁壯得像棵小樹般紫的綠的分布在菜圃間，甚是醒目，也因為它們倆，讓夏季單調的菜園增添了些姿色。

在台灣鄉間只要稍有點地，夏季絕對會種的就是絲瓜，因為好生養無須太多照顧，就算懶得搭棚架，尋棵夠高的樹、支根竹子，它便會乖乖攀爬上樹，按時開花結果，那果實或矮胖或瘦長（不同品種），削了皮切成厚片，過油炒成濃郁湯汁，溽暑胃口不佳時，用它來拌飯再適合不過了，拿它來煮麵線也挺好，最主要的是這些絲瓜料理放涼了食用也很美味，記得小時候暑假的餐桌上，幾乎每天都會出現一大碗絲瓜湯，那是母親特意早早做好放涼的，有時嫌絲瓜土腥味重，便會在起鍋前撒一撮九層塔提味並去腥。

絲瓜不僅多產，且生長神速，像吹氣球似的，一個朝夕便圓了一圈，有時多到來不及吃，或者躲藏忒好發現時已不能食用了，便只好留作洗碗洗澡時的利器，比化學質材的洗布當然環保多了，今年便有這麼一只善於躲迷藏的絲瓜，發現時已老了便隨它恣意生長，最後竟長足到五斤重，它的瓤網應該夠洗一年的碗盤了。

今年大黃瓜小黃瓜也長得好，現摘的小黃瓜可以當水果鮮食，那大黃瓜則加糖醋涼拌後冰鎮最開胃，若拿來燴肉或煮湯也是清爽極了，不過採摘時要格外小心，一不注意，便會讓那瓜皮上的尖刺扎得人吱吱叫。至於那四處遊走的南瓜藤，更是結實纍纍，吃不完只得哀求上山的朋友帶些回家，幸得南瓜耐放，至今屋角仍堆放著幾枚敷了白霜碩大的瓜果，或可等秋涼後煮湯煎餅來吃。

辣椒家族中的糯米椒適合炒肉絲，用來和豆豉煸香了炒荷包蛋也是下飯的農家菜，微辣的長椒去籽塞進絞肉，以小火煎香，起鍋前噴上醬油（嗜酸的可加醋），也是一道盛夏開胃小菜，至於那個頭小卻可辣死一頭大象的朝天椒，炒菜炒肉時佐一兩只，便可收到體內環保（腹瀉）的效果，所以這些小辣椒留在園裡當裝飾品的時候居多。

除了瓜屬辣椒，四季豆、荷蘭豆、長豆也是夏季常客，其中又以長豆角最好照顧，料理方式也最多，除了清炒，也可加爆香的金鉤提味，還有許多人家喜歡拿它來煮鹹粥，加些肉末就很適口，老人幼兒暑夏胃口不佳時，靠它就能補足元氣了。若數量夠大，則截成五公分長短，趁著夏日豔陽曝曬製成豆乾，來冬時和大骨或龍骨熬煮成湯，美味到令人停不了口。前年在福州卻見當地人用這長豆角乾直接炒食，不知是否用了高湯先煨煮再收汁的，入口格外鮮甜，那滋味不僅令人驚豔，且讓人戀戀難忘。

在台灣的夏天是不適合種葉菜類的，若硬要逆時而為又不撒藥，那就是種給蟲吃的。有時天天吃瓜豆吃到都要發傻了，忍不住到市場買把青蔬回來，不想才下肚，腸胃便絞痛到一個地步，這是久不食農藥的後果。嘴饞、體質又變得敏感，便試著栽種一些較不招蟲的空心菜、地瓜葉，這些口感較乾澀的葉菜，熱炒汆燙時多放些油仍是好吃的，但因無天敵危害，長得特別歡，吃的速度要快，不然白花朵朵開，菜葉老了，菜園也變花圃了。

今年夏末接連來的兩個颱風，不僅讓園子裡的主角糯玉米兵敗如山倒，連瓜豆的棚架也摧枯拉朽全給毀了，秋節後狠下心將那些奄奄一息的瓜豆玉米都拔除乾淨，再把菜圃重新翻土整理成一畦畦清爽模樣，在這新闢的地種上蒜苗、高麗菜、大白菜、青花筍、芥蘭筍，但要吃這些菜蔬還得等到寒冬來臨，因此又撒了些油菜花、小白菜籽在它們的周邊，青黃不接時可先以這些快速生長的葉菜解饞。每次播種時自以為撒得夠勻了，但嫩芽一冒出頭才警醒自己有多麼粗手大腳，那像癩痢頭的畫面真是讓人發哂，這時就可把過密的嫩芽先拔了吃，一為掩過，二來嘗鮮，每年秋涼後的第一盤青蔬，都讓人希望無窮，因為在台灣，天寒後才是各式青蔬登場的時節。

去年秋在另一邊地緣種了一畦白蘿蔔，沒怎麼照顧，便按時結出一個個的大蘿蔔，每個都有兩、三斤重，一刀切下去水汪汪的，生食像水梨，煮湯則鮮嫩得入口即化，吃不完便饋贈親友，送不完便拿來醃漬，日式味噌、廣式糖醋都好，今年則打算擴大規模曬些蘿蔔絲、蘿蔔片，絲用來煎蛋、片拿來煲湯，都鮮美得令人咋舌。

其實除了刻意墾地栽種的瓜豆青蔬，其他散落在地裡的野菜花果也夠讓人忙上一整年的。光是桂花釀便可從仲秋忙到初夏，接著便是李子的採收期，醃漬釀酒做果醬要忙上兩個禮拜，眼看端午來了，又有綠竹筍可吃到中秋，這期間兩株蓮霧也開始打起果來，雖其貌不揚，和市售黑金剛相去甚遠，但和李子一般以鹽曝醃，篦去多餘鹹酸水，撒上細糖食用，非常之爽口。若懶得理它也可，滿地落果會招來成群虎頭蜂，平日兇神惡煞螫得死人的虎頭蜂，不知為何一吃起東西即陶醉到不行，完全任人擺布，鄰友便利用一支小網一只夾子，虜獲了無數貪吃到不行的蜂兒們，泡製了數瓶號稱能治痛風的虎頭蜂酒，聽說一瓶可賣到上千元。

還有那漫山遍野的野薑花，則是從仲夏綻放到深秋，花苞可做義大利天使麵，全開的花則可煮蛋花湯，碩大的葉片還可裹粽，是蔬食餐廳正夯的食材。而初春種的洛神花苗，到秋天也可採收了，和冰糖熬煮成濃縮酒紅色汁液，冬天熱飲夏天冰鎮都酸甜好滋味，放置在冰箱冷藏，可整整喝上一整年，還有降血壓的功效。

至於我那雜七雜八什麼都種的香草圃，薄荷、香茅、檸檬草、馬鞭草是基本款，鄰人送的甘蔗、石蓮、蘆薈、薑黃、越南香菜也在此繁衍後代，連木瓜、檸檬都落地生根得瓜果綿綿，它們幾乎不需照顧，連水也不用澆，全靠雨水陽光滋長，真箇是天生天養。

最近則是和鄰友一起投入咖啡和茶葉製作的研發，我們地上原就有三株咖啡，鄰人家更是十來株跑不掉，每當秋後看著枝枒結滿像櫻桃般纍纍的果實，卻因不知如何處理，便任它委地甚是可惜，今年我們決定發憤圖強，以土法煉鋼的方式自製咖啡，從摘果去皮、曝曬去殼，到用炒鍋烘焙，除最後研磨成粉得靠磨豆機，其他過程純手工製作（嘿嘿！其實是為了省下買機器的錢），目前已摘果去皮，直等曝曬去殼後，便可分批依需求烘焙，估計今年可產三十斤，屆時親朋好友又有口福啦！

至於茶葉，我所居住的關西原就是茶鄉，幾十年前還外銷日本賺了不少外匯，後來因為人工愈來愈貴，不敷成本，許多茶園便荒置在那兒了，近年一位好友買下一片山頭種起茶，也製起手工茶來，他所製做的屬熟茶系，入口溫醇不傷胃，泡個五、六回仍不退味，更重要的是有機種植，完全沒有市售茶葉農藥殘留的虞慮，故此嗜茶的我忍不住也興起做茶的念頭，目前雖還無法種茶，但至少能喝到自己製作的茶，已是天大的享受了。

每天忙完了狗兒貓女及雞鵝鴿子，便會在菜園香草圃蹲蹲，翻土拔草發呆都好，看著那些菜秧瓜果蘿蔔一眠一吋大，真有說不出的喜悅，尤其是方冒出頭的嫩芽，更是讓人驚嘆生命的奧妙，至此，採擷烹煮進食時，總是懷著滿滿的虔誠與感激，也與期盼中自給自足的生活更貼近了。

原載於《聯合報》副刊，二〇一六年二月七日

龍眼乾

徐仲

擁有中華民國營養師證照，畢業自研究飲食文化的義大利 University of Gastronomic Science 研究所，熟悉台灣及義大利飲食文化、包裝設計及行銷手法。以慢食提倡的品嚐方式。目前經營「從產地到餐桌」的部落格。

天氣冷了，我手上有剛剛烘好的桂圓，也就是龍眼乾，應該來碗桂圓薑汁湯，暖心暖胃，順便回味前陣子的產地拜訪。

以往到山上看烘龍眼，農人經常忙到沒時間理人，今年因為天候不佳，龍眼產量銳減，順便減輕了烘製龍眼的工作，讓農友有大把時間閒話家常。我站在一旁全程觀看，他們拿著連枝帶葉的龍眼，一粒粒剪下鮮果，再平鋪在土窯頂端的竹篾床上，等龍眼分量湊足，在土窯灶中堆放木頭，開始生火烘製，原則上要花三天兩夜，烘焙中需不時添加柴火，火勢不能斷，同時農友要定時翻動竹篾床上的龍眼，這樣才能做出好產品。

「直接烘烤會讓龍眼焦化，所以採用煙燻進行低溫脫水？真是個聰明的方式。」我站在上風處，避開土窯瀰漫出的煙霧。透過煙燻這個小動作，可以脫除龍眼果肉的水分，說來簡單但操作困難，火力太小，果肉水分太高就容易腐敗，火力太大，果肉水分太少則影響口感，且脫水過度的龍眼肉很難剝除。重點在於果核內的水分，必須經過長時間低溫焙烤，才能讓果核內的水分浮到果肉表面散失，做到這個程度才算完成，通常鮮果和乾果的重量比例是三比一，即每三〇〇～三五〇台斤的龍眼鮮果才能做出一〇〇台斤的龍眼乾。

「剝開殼後，用手擠壓龍眼肉，不能有液體流出，要讓龍眼果肉的水含量維持在15%左右，才是完美的龍眼乾！」農友插腰說著，為了做到這個程度，烘烤期間要有人顧在窯旁，隨時翻動這些龍眼，讓果肉均勻受熱，也能讓果殼變得光滑，還能讓龍眼肉燻出好味道。

「生火的木頭除了龍眼木，還有哪種木頭？」我好奇問著，理論上不同的木頭會帶來獨特的煙燻味，在國外一些高檔的烤肉餐廳，主廚對於木頭的品種可是精挑細選。

「烘龍眼當然是用龍眼木啊！」農友習慣就地取材，順便幫龍眼樹梳枝，恰好龍眼木很耐燒，不需常常添加柴火。他這麼說著，我則提議明年來試試不同木頭，譬如相思木、荔枝木、柳丁木等，或許會燻出異想不到的滋味哩！

「如果能配合，我還希望嘗試烘製不同品種的龍眼，非常好奇做出的滋味啊！」我繼續提議，記得今年試了不少品種的龍眼，譬如肉質脆爽有韻味的紅殼、產量最多的粉殼、高水分低甜度的楊桃種、果粒小甜度高的雞屎種、甜韻迷人的古早種、果粒碩大果肉薄的韌蒂、香氣漂亮的蜜香、果肉薄但甘味佳的青殼眼……

扳著手指算一算，能玩的種類還真不少，真希望明年此時，能嘗到更多滋味豐富的龍眼乾。

原載於《聯合報》，二〇一六年十月十三日

生活選擇與練習

夏瑞紅

曾任《大人物雜誌》、《時報周刊》記者、《中國時報》文化新聞中心記者，副刊主編。獲新聞評議會中華民國傑出新聞人員獎，著有《小村物語》、《現在最幸福》、《醬子就可愛》、《在浮世繪相遇》、《人間大學2.0》、《人間大學》、《報紙在日本社區運動中的角色與功能》、《阿詩瑪的回聲》、《痴人列傳》及《52把金鑰匙》等編著十餘種。

「加工過的有毒食物肥了少數人和企業的荷包，卻動搖了大眾的健康……，營養好不好是決定人健康快樂的最重要因素之一……，我們離開城市移居鄉村，一個主要原因就是為逃躲加工食物的天羅地網，決心起而保衛自己的健康。」

聽起來像不像我們身邊哪個人提出的「返鄉宣言」？

但其實這是上世紀美國經濟學家Scott Nearing（1883～1983）在三〇年代的思考與抉擇。顯然，百年來世界經濟和食品工業的「進步」，非但沒解決食安問題，甚且把問題推向更深的困境。

如今大眾普遍意識到食安問題的複雜度與嚴重性，但想回頭找退路卻更難，連能實踐自給自足的純淨農地都難找。日常食物有毒變「正常」，無毒卻搖身變「非常」高貴，而替換不同品牌食物以分散中毒風險，竟是一種「務實」辦法。

動。

在這樣的困境中，看見小村仍有些老人家用「天真」的方式生產、分享糧食，格外珍惜感阿公阿嬤從小就會種菜，不必等誰核准proposal，也不必照誰的sop，更不必對誰簡報ppt，鋤頭提起來Just do it，其它全交天公作主。這類小菜圃毫無「經濟規模」，不可能大費周章去申請任何認證標籤，更不須為應付檢驗而扭捏作態，但從栽種到採收都實心誠意、自由自在，那是純天然真有機的、無價的生命滋味；也因談不上「經濟價值」，只是種來自己吃、不必討好市場，所以不值得「投資」於用藥強迫生長、控制相貌。

這些「天真食物」在經濟掛帥的年頭，因搭不上經濟體制，或說，遭經濟體制汰棄，反而能保有最後一點存活空間，這不是很弔詭嗎？

而種來自己吃的是一種、種來賣給別人吃的是另一種，大家已覺得理所當然也都能接受，這又是怎樣的諷刺？

為追求經濟成長再成長，「很累」已成普世哀怨，人人都喊累，卻都繼續硬撐。累多因身心超載，但最累人的，莫過表裡不一的虛偽。是社會時潮這樣逼人？還是人逼出了這樣的社會時潮？

小村有四位阿嬤常蹲在廟口賣「種來自己吃」的蔬菜，一大把一二十元。其中有位偶爾兼賣雞蛋，那是她放養在柚子園的一群土雞所生，頂多一兩包，一包一百元，約有十五到二十顆蛋。這在有機通路可要三倍價，我說阿嬤這樣「虧很大」，阿嬤卻問：怎麼會？她認為，她只是去果園撿撿蛋，順便運動一下而已，反正自己吃不完，有人幫忙趁鮮享用，還讓她輕鬆賺點錢，豈不非常好？太貴了賣不掉，才真糟蹋呢！

這種「賺」法叫現代人匪夷所思，因為前提是必須甘願簡樸，用少少的錢知足度日，而時下社會主流卻以擁有各色「頂級」貨物來標榜身份尊貴、品味高超，大家不得不努力賺錢以消費，努力消費以賺錢，一起拚命共創「經濟奇蹟」。

因此，回小村以來，我一直以 Scott Nearing 為榜樣，想實驗「不受經濟牽制、獨立於商品與勞力市場之外」的生活，盡可能地至少在食物上自給自足。奈何由於本事不夠，也由於習氣慣性，我老是「破功」。

拿買東西來說，一些非必需但精巧美麗的日用品仍容易吸引我，我還對各種異國食材香料充滿好奇、對改善居家環境的要求沒完沒了。鄉下有限的購物條件也拉不住我，透過網路，我甚至買到外國去。

至於「自給自足」的成果更是七零八落。種的菜大半餵蟲養蝸牛，最後只好任其老化結籽，美其名為「自家採種」。目前自己收成的、朋友送的、買的菜籽積存不少，但面對除草整地、改良土壤等工作，還不時氣餒想逃。

難怪 Scott Nearing 說，自給自足的生活不講情面，「智慧、技巧、耐性與毅力才是真正的本錢」。

他相信，人生到頭來無論如何都看自己如何選擇，他只不過盡義務過他所能選擇的最好生活——一種仁慈、高尚、潔淨而單純的生活。

Scott Nearing 的選擇不只讓自己安詳活了一百歲，還穿越時空，默默「監督」並「加持」著我雖然還不怎麼像樣、但也決心不放棄的自給自足生活練習。

原載於網路媒體《非常木蘭》雜誌三八四期，二〇一六年一月二十二日

廚房

2016 飲食文選

消夜消夜

林薇晨

1992 年生於台北，政治大學新聞系畢業。現為政治大學傳播所碩士生。作品散見於報章雜誌與部落格「某某的絮絮」。

那時我們經常一起去吃消夜。下班之後，內場師傅與外場服務生，三五成群，前往一些開得更晚的小攤或小館。不同的餐廳是不同的時區，這間店收了，那間店才正要開，像是專門開給收了店的餐廳人吃飯。

消夜時間，是放下恩怨的時間。上班時的種種火氣，大小差遲，在觥籌交錯之中化為烏有。餐廳的事在餐廳解決。內場師傅自有他們的稱兄道弟，外場的服務生們，若非跟著進入那套情義邏輯之中，就只有格格不入的份。

所以參與這些消夜場子，對我而言就像一種應酬，或者應酬的觀摩。雖然不至於就要充當什麼傳杯遞盞的交際花，可是我十分清楚，適時成為座上的點綴，說些天真妙語，是一個服務生此時所能奉獻的最大才華。也談不上什麼折衝樽俎，化身內場外場的親善大使，當然或許也有一點這樣的性質，總之大家都拿出誠意來邀約了，你好歹給點面子。那也就是給你自己面子。

有時我們去吃港式飲茶。聽來十分豪華，圖的也不過是近便，就在我們餐廳幾步以外，且又是特別要做消夜生意的。這樣不去捧場怎行。

七八個人圍住一張大圓桌，稀稀落落的，坐不滿。焗烤白菜，腐皮蝦捲，魚子燒賣，葡式蛋塔，一碟一碟次第送上，勾成五彩繽紛的連環。眾人的話題無非就是一些餐廳瑣事，今天做菜時怎樣，服務客人時怎樣，其實也沒有什麼特別可說的，沒話找話。全都聊完了就開始褒貶吃消夜的館子，這裡師傅做的菜怎樣，服務生服務的態度怎樣。偶爾上菜太慢，大家低低揶揄道：「唉唷換他們搓草了啦。」我聽了也笑。

（初入餐廳時，碰到許多我所不明白的俚語。例如「搓草」，發音近似「奢操」，是台語，意思是忙不過來，來不及了。後來去查了下，才知字面寫作「搓草」，有個莫名的典故。又例如「八六」，早上開店時師傅會通知，今天鱸魚八六哦，青木瓜八六哦，意思是鱸魚和青木瓜現在斷貨，沒得賣。我以為「八六」是「掰掰囉」的縮略，又查了下，似乎是來自美式英語的用法。反正跟著說就對了。林林總總的行話。說久了這些詞藻便無庸置疑，說久了我便成為圈子裡的人。）

然而現在我們是客人。客人的專業就是對於餐廳諸事諸物指指點點，口中同時咀嚼食物與評論。換了位子就換了腦袋，我們可真是殘酷。

身為餐廳組織底下的人，不殘酷是不行的。這裡的人來來去去，今朝見面的人，明後未必又遇得到。可能沒排班。可能調職。可能就是離職了。可嘆自己就是做吃的，眾生要吃飯的時候，哪裡輪得到自己吃飯，只有等到整個世界都填飽肚子了，才能向星斗黯淡的街坊去尋覓些許溫暖，短暫團圓。但也不用說得這麼賺人熱淚。吃不吃消夜，有時不過是一個餐廳人資歷深淺的指標。起初只是誤餐的彌補，再來是疲勞的犒賞，再後來就是習以為常了，日復一日，成為蕭條生活的餘興。

某次我與眾師傅驅車前往三重一間極具熱炒氛圍的壽司店吃消夜。生冷的魚，炙燒的牛，餐桌上轉盤轉得像博弈的輪盤。轉轉轉，蟹卵軍艦指向他。轉轉轉，花枝刺身指向她。轉轉轉，海膽干貝蓋飯指向他。轉轉轉，機會命運，轉轉轉。某個師傅從前是學日本料理的，向鄰座另一年輕師傅分析魚肝的氣味和生蝦的色澤。某個師傅拒絕芥末。我挨在一旁靜靜喝完杯裡的蘋果西打，感到一種暈。

那種暈是一種快樂，或者預見快樂之後的虛空，我也說不清楚。做著搓草的工作，過著搓草的人生，也只有此刻能夠坐下來，慢條斯理吃一頓飯。

需要消夜的人總是困難的。有時消夜是一些菜，有時消夜是一場撞球保齡球，有時候是夜景，有時候是包廂裡的歌，有時候，某人的消夜就是另一個人。兩人在寂寞的床池裡泅泳，有點較勁的意味，這裡快一點，那裡慢一點，濺出幾蕊水花，偶爾換口氣。肺活量不大，喘極了。然後又埋首潛入深夜裡。消夜消夜，消磨長夜。夏天去尋夜市裡的羹，冬季去訪鬧區中的鍋，如此殷勤探勘，享受聚會，試圖消磨的又何止是一夜。

那晚我們左顧右盼等著一道壓軸的毛毛蟲壽司，據稱華麗繁盛，只是遲遲不來。幾次去催去詢，總說已在趕製了。看看這高朋滿座生意旺得，圍坐一桌的內行人，低低揶揄道：「唉唷換他們搓草了啦。」最後眾人不耐，派我上前取消。

這樣的消夜通常午夜前就該散席了，明日餐廳可還有一場硬仗。

原載於《人間福報》副刊，二〇一六年十二月十三日

廚房的八字

朱國珍

清華大學中語系畢業，東華大學創英所藝術碩士。曾獲林榮三文學獎散文首獎、新詩首獎、拍台北電影劇本獎首獎、亞洲週刊十大華文小說、台北文學獎等。曾任臺灣師範大學國文系講師、中華電視公司新聞主播、製作人、電視節目主持人、時報國際廣告公司總經理特助、華航空服員。現任台北藝術大學講師、廣播電台節目主持人。著作：《離奇料理》、《中央社區》、《三天》、《夜夜要喝長島冰茶的女人》。主編《2016 飲食文選》。

天麻補腦湯一上桌，眾親友看著鍋內滿溢的食材，問：「這是濃湯燴飯的概念嗎？」小薰撈出比拳頭還大的猴頭菇：「為什麼要放這個？」藥燉湯包裡配好的。又問：「妳把豬肉和材料全部放進鍋子裡，加水時有沒有算一下比例？」喔，這樣嗎？我以為憑感覺就可以。「根本喝不到湯……」有人輕聲嗔嘆。為證明我是如何認真煲出一鍋有愛的湯，特別強調這是早晨親自去東門市場採購的新鮮黑豬帶骨肉排，洗乾淨又汆燙又洗乾淨下鍋熬煮，為了這鍋藥膳食補，我在廚房忙碌一下午。

唉！小薰忍不住道：「我們都知道妳和廚房八字不合。」

其實，我對待廚房非常用心，最會清洗流理台。那些親友間流傳「烤箱火災」、「鍋巴四物」的民間故事都有香淚的隱情。我家人口簡單，使用小烤箱，肥厚厚鮭魚切片入箱，即佔據一半空間，焗烤料理塗抹奶油增味，豈知魚油加上奶油情濃處熱如火，噴出油孳亂竄招惹加熱管，剎那間烘焙紙著火，烤箱變金爐。還好當時人在廚房，即時終止旺到爆的奇遇。再說那活血化瘀的四物湯，每個月總要來一次，三碗水加中藥材放入小砂鍋，大火煮沸後轉小火熬成一碗份量，補身恰好。然而命運往往很奇妙，每次總在燉四物的時候會接到閨密來電，團購瞎聊借錢情傷鬧自殺各種對話內容真豐富，往往還來不及談到重點，剎那間就聞到燒焦味，奔向廚房關火救湯，四物已緊貼砂鍋底部成黑色壁紙。如果沒那麼嚴重，我會嘗試加點水還原，口感和香灰符水很接近，喝了應該有保庇。

我愛廚房，尤其是新賃屋的建築師非常有創意，把面對公園的景觀，保留給廚房、後陽台與廁所。後陽台與廚房比鄰，只要沒晾衣服，則俯瞰萬坪綠樹，遠眺林口台地，視野寬闊無垠。尤其是廚房面積大，中午過後西曬，準備晚餐同時可兼日光浴。夕陽相伴，落日有時像茂谷柑，有時像香吉士，有時像柿餅。像養生機能蛋的紅蛋黃時最迷人，天邊餘暉彷若爐火，雲朵擬作輕灑岩鹽，四方烘焙紅蛋黃，忍不住臆想烤熟會是什麼滋味，而癡癡嚮往。最終只見它寸寸移動，寸寸隱沒，在什麼事情都來不及發生時，它已經消逝在遠方廣廈間，留下烙印的滋味，再也尋不回。彷彿愛情，吃不到的，永遠最香醇。

首次來家裡用餐的好友，總會邀請參觀視野最壯麗的廚房。特別是黃昏時刻，每日變化的落日餘暉，讓做菜也像是增添了四季的滋味。夏日最是晴朗，無風無雲的天空將舞台全部讓給夕陽，潑辣地金黃，才嫌它，又似為著即將落幕的生命感慨，而暈紅起來。我大聲呼喚好友來廚房，我們站在後陽台裡側，共同向西邊凝望，好友說：我的視線要穿透妳的內衣褲才能看到夕陽，確實是奇觀。

我把後陽台吊掛的衣物當串串珠簾，參參差差看風景，真真假假識人生，已然習慣，醜與美，一念之間。久居此處最愛遙望公園彼岸，特別鍾情卓然靜謐的聖家堂，每天看著教堂準備三餐，自己都覺得做菜愈來愈好吃。

兒子進入青春期，體味由奶香蛻變汗臭，他主動跟我表白希望多吃青菜，改善體質。我感覺像是中了廚房樂透獎，因為我的拿手好菜正是時蔬。洗乾淨的葉菜，用蒜蓉薑絲洋蔥丁快炒提味；或熱拌蔥油、肉臊，涼拌胡麻、和風醬，各有千秋。開陽絲瓜、枸杞波菜、油燜苦瓜、醋溜高麗菜皆道尋常，其中我最愛苦瓜，從小就愛這外表醜陋，入口百感交集的食物。苦瓜小魚乾交替海陸情感，苦味隱約詮釋漁民的辛勞與海洋生態的無奈。苦瓜鳳梨排骨湯像是陳年舊愛，重點在蔭鳳梨與豆麴，以醃漬後的甜覆蓋苦瓜之苦，遺忘辛酸；我曾試過新鮮鳳梨與苦瓜燉排骨湯，結果卻糟蹋一鍋好肉，有時新鮮並不代表適合，某些癖好獵豔蒐奇的老男人，不妨自己煲一鍋嚐嚐。油燜苦瓜需要時間淬鍊，醬香緩緩釋入苦瓜肌理，癱瘓苦瓜命中註定的苦，改變原本瘤狀結鱗般的外觀，起鍋時，一番柔軟新面貌，滋味先苦後甘，彷彿重新振作的人生。

夏日是檸檬盛產季節，兒子和我都愛喝檸檬汁，我特別喜歡檸檬這種可生食可入菜的果實，尤其愛連皮一起吃。安和路有間燒烤店，餐後附贈切片新鮮檸檬，為客人解膩，我常常在飽足之餘，看到檸檬還是忍不住一片接一片帶皮吃乾淨，並要求再續一盤。

檸檬連皮吃，是養生祕法，花蓮鳳林某冰果室的檸檬汁，便是連皮同入調理機，夯成排隊名店。我歡欣無比將檸檬洗淨，放入許久未用的果汁機。在此介紹一下果汁機的身世，此機三年前買入家門，因為懶得洗刷果汁機裡大大小小的零件，因此只使用過三次。這回，腦海裡突然湧現冰果室製作檸檬汁的畫面，便起身仿效，將帶皮切塊的檸檬，全數置入果汁機壺體內，選擇「瞬間」按鈕，準備迎接美容聖品！孰料，那壺底鋼刀才啟動，汁液竟也瞬間從壺底流出，我慌了，連忙握起果汁機把手，將壺身抬起，滿溢的檸檬與汁隨即向下流灌機體與桌面，那片最關鍵的鋼刀，竟然留置在機體上，繼續高速旋轉，在瞬間強烈離心力作用下，整個像清朝兵器血滴子一樣飛躍出來，倏忽飄過我的眼眸……。

我愛廚房，像愛著戀人似的，小心維護我們之間的關係，天天撫摸他，照顧他，可是，他也許不是這樣想的，常常讓我切斷指甲，割破皮肉，燙傷手臂。只是想喝新鮮檸檬汁，也能這樣折磨我，讓我連加糖的機會都沒有，便用酸回應一切。他的心裡沒有我，努力皆成枉然，就像是單戀。

而我，依然愛著，想著，祝福，無論八字合不合，都希望被愛過的，是值得的。

原載於《自由時報》副刊，二〇一六年九月二十日

廚房裡的重訓課——二頭肌三頭肌三角肌鍛鍊之必要

簡媜

生於台灣宜蘭縣冬山河畔農村，國立台灣大學中國文學系畢業。簡媜自稱是「無可救藥的散文愛好者」，其創作多元多變，題材從鄉土親情、女性書寫、教育親子，到城鄉變異、社會觀察、家國歷史、生老病死，是臺灣當代重要的散文作家。著作有《女兒紅》、《紅嬰仔》、《天涯海角》、《老師的十二樣見面禮》、《吃朋友》、《誰在銀閃閃的地方，等你》、《我為你灑下月光》等。

這個人不禁想，如果早年青春正盛的自己知道三十年後會寫什麼二頭肌三頭肌鍛鍊的文章的話，必定毫不手軟地把自己勒死。這個人不禁又想：還好，年輕的那個自己已經死了。

（年輕的自己已經死了，這句話讓她愣了一下。）

不可否認，這個人花在廚房的時間不算少。這是自找的，她先生的腸胃不適合外面食物，她吃不慣也不耐煩外食，更不放心把小孩交給不認識的廚師去餵養，為了求生存只有下廚一途。

既然袖子捲起來了，哪能滿足於巷口自助餐的水準呢？這人做事有個壞毛病，追求進步，既要進步就得研究觀摩實驗，脾氣又急，一來勁，立刻、馬上、現在就要辦好。所以，烤箱報到，竹編蒸籠進駐，廚房裡設備齊全、兵器俱足、材料充裕。實驗難免有失敗之時，幸好家中兩位男丁乃是死忠派支持者，照單全收，這讓她得到虛榮的成就感。「做菜無所謂成不成功，只是味道不同。」善哉斯言，她先生常常勸（接近嫌）她：「能吃就好，別弄得太複雜。」問題是，她的個性做不到「能……就好」。舉個例吧，豆芽能不掐鬚嗎？那鬚吃起來跟堵在排水孔的毛髮差不多。好漂亮的甜椒西洋芹，當然只能用白盤子裝。盛好一盤青菜，能讓它指天恨地、張牙舞爪就上桌嗎？

不過，戶長這種「革命不必成功，同志無須努力。」的廚藝論調讓她頗舒心！狙擊手就是需要這種堅定盲從的「護法大使」。所幸，這人頗有一些家傳的廚藝資質（看看端午節前她老母來家包給她的粽子可窺一二），加上又得一位善廚老友指點，頗有進境，一桌十道菜的除夕年夜飯已不是難事。近年來，更把揉麵糰當成廚房裡的重量訓練，日久，二頭肌三頭肌赫然顯現。有友人相詢食譜，還能寫「簡式隨意饅頭做法」分享，略舉之：「……將麵糰蓋上布，讓它睡覺。目測麵糰已從小學生睡成高中生就可以了，不必等他睡成大學生。」友人對這段描述不滿意，叫她用白話文說一遍，這人的答覆是：「妳要享受不可測的樂趣，廚房裡沒有所謂失敗，只有『味道不同』，多麼像人生啊！難道妳的人生跟別人不同，妳就說自己失敗嗎？」友人啞口無言，直接去 google 饅頭做法。

這個人家族裡曾有五位善廚的大地之母，現在只剩三個。或許年紀到了，人生的爐火也夠熱，她認真想到傳承的事；從小至今，太習慣吃阿母包的粽子、做的紅龜粿菜頭粿，拿阿姑釀的醬油、醃漬的豆腐乳，吃阿舅做的菜脯，卻從未想過他們也會老邁。日前阿姑說：「妳們要學，等我老了做不動了，妳們才有醬油吃。」

沒錯，阿姑說的是，學「釀醬油」。在這幾個大地之母眼中，「步步攏要去買」，是一件極其落魄的事。女人，簡單地說，就是變形金剛啦，盤古加女媧加嫘祖合體，簡稱「俍祖媽。」

當然，她必須先克服語言裡的測量問題。大地之母們以丹田之氣、洪荒之力所積累的廚房武藝，幾近「天書」，當她們說書，無不考驗聽者的智商與悟性。譬如，問粉量與水量比例，她們回答：「量其約。」

問調成什麼狀態，答以：「嘎嘎。」

什麼款叫嘎嘎？大地之母善喻之：「像妳呷糜（粥），那鍋糜，杓子不會沉下去。」什麼叫「不會沉下去」，沉一半算沉得下去還是沉不下去？

再問：「妳是說『膏膏』嗎？還是『糜糜』？」大地知母口氣略急，答以：「不是膏膏糜啦，是嘎－嘎－啦。」

講到後來，她捶胸恨自己無通靈能力。膏膏、嘎嘎、糜糜，是三種不同的粉水比例，這不止關乎一包在來米粉與一條白蘿蔔的命運，也關乎兩位男丁當廚餘桶的時間有多長。還好，她畢竟是個想像力還算豐富也能「變巧」的人，東西是死的、人是活的，蘿蔔糕這種東西能有什麼了不起，太硬用來煮湯太軟乾煎，失敗一次之後，任督二脈就通了。

她自覺必須積極一些，趁天色未暗，把大地之母的功夫都學會。

不過，釀醬油、做鹼粽，這是出神入化的武功，學得會嗎？轉念一想，對清晨五點就醒來面對現實人生的人而言，能有多困難？

原載於《印刻文學生活誌》一五八期，二〇一六年十月

關係豬跤的討論

劉靜娟

彰化縣員林人。曾任《台灣新生報》副刊主編。已出版著作包括《咱們公開來偷聽》、《歲月就像一個球》、《被一隻狗撿到》、《眼眸深處》、《布衣生活》、《散步去》、《樂齡。今日關鍵字》等二十多冊。2016 年開始台語文創作。

阿晴約八九個朋友去in新厝開講、食晚頓，有的人tsah（攜帶）家己料理抑是買便的菜做伴手；其中上有氣勢的是言言的肴豬跤（腳），一大肢跤囥（khǹg，放）佇桌頂現切。

因為uì電鍋提出來無偌久，閣燒燒；伊一手用箸揤（teh，壓）著，一手慢慢仔批（phue，削片）。每一片有皮有肉，肉粉紅色、皮厚閣半透明，看起來就真好食的款。

佇餐廳食這款菜，是切細塊細塊的冷盤，毋捌看著燒的，閣現切；逐家目睭金金看，呵咾伊的刀工真專業，袂輸飯店大sai（師傅）批燒鴨的架勢。

「庖丁解豬」同時，一片一片分予逐家食，豬跤的肉幼、皮khiū（有彈性），佮（kah，配）浸醋的薑絲，逐家食甲喙笑面笑。進前已經食過炒米粉、蝦仔和其他的菜，甚至也有一盤醬燒豬跤；

tsit-má（現在），竟然無人講食袂落去；那食那呵咾，呵咾甲觸舌（tak-tsih，彈舌），順紲就請教這個菜的做法。

伊講豬跤是共（跟）東門市場一個豬砧訂的，伊的豬是家己飼的，肉質好皮閣厚；買轉來了後用粗鹽、酒共規肢豬跤一遍一遍 massage 過，豉（sīnn，醃）起來。兩禮拜後才 uì 冰箱提出來炊，「事先愛用索仔共伊拗彎縛好，才有法度囥佇大同電鍋內底炊。我分四遍炊，每遍兩杯水。」

伊強調，「我是用前跤，較有肉，閣好食。德國豬跤也是用前跤。」

聽起來是愛有氣力閣厚工的菜，我無啥可能去做；我較想欲知影的是，前跤後跤按怎分別？

除了家己的人做生日，我罕得買豬跤。每一遍賣豬肉的問我欲愛前跤抑是後跤，我攏誠困擾，kan-na（只）會曉用比的。我毋但（m̄-nā，不但）食過豬肉，也看過豬走（跑），毋過欲叫我分辨豬砧頂的前跤後跤，就無法度。我的基本常識是，較大肢的較有肉，較貴；較小肢的食皮，較便宜；但是膠質濟。

我講較大肢的應當就是後跤，遐敢毋是連後腿？言言講錯矣，後腿彼部分叫做腿庫，取落來賰的就是短短的跤；前跤保留著一節腿肉，所以較大。

我一面聽一面想一隻豬徛（khiā，站）佇塗跤的模樣，頭殼打結，煞愈花（糊塗）。在座攏是超過六十歲的文藝界朋友，也有人和我仝款，前、後跤分袂清；你一句我一句，講甲真鬧熱，一個笑笑仔講，「哈哈，今仔日煞變做關係豬跤的討論會啦。」

椰子算是在座一個 gâu（擅長）煮食的，伊涼涼做一個結論，「這簡單，就像咱有大腿和小腿；小腿就是前跤，大腿就是後跤啦。」

啊？我一時 gāng（愣）去，想袂到竟然有人比我閣較天兵！

我輸伊。

原載於《聯合報》副刊，二〇一六年十一月二十五日

回味

2016飲食文選

小川老闆的深夜食堂

張光斗

1953 年生，畢業於世新三專，日本藝術大學放送學系，日本明星大學社會學系碩士。曾任《民族晚報》，《民生報駐》日記者，編劇，節目製作人，現任點燈文化基金會董事長。曾出版《點燈照亮你照亮我》、《在黑暗裡摸道光》、《我的老師 13 歲》、《迎著光照見勇氣》、《阿斗隨師遊天下》、《我的西遊記》、《隨師身影》。

已與小川老闆失聯十餘年了。

日本東京，西武池袋線的第三站江古田，是我就讀過的「日本大學藝術學部」的校區所在地。典型的日本住宅區，安靜閒適，街道狹窄。

距離學校不到五十公尺處，有一小料理店「小川」。

說來好笑，我與房東夫婦最常去的居酒屋是「小川」邊上，隔了幾個店面的大阪燒「忍」；在那裡，結識了住在附近，愛喝酒也愛唱卡拉ＯＫ的霧島夫婦。霧島夫婦老要我教他們唱鄧麗君當紅的〈償還〉，卻與我的房東不對盤；有一回，他倆私下約我去「小川」喝兩杯。

霧島太太在區公所頗有人脈，邀我去演講，一次兩小時就是十二萬日幣，還再三致歉，說東脩太少，太丟人。我受人好處，自是不便推辭。

第一次進入「小川」，我便立刻被小川老闆

俘虜了。

小川老闆很有個性，圓臉圓肚腩，架著一副近視眼鏡，規定客人得完全依照他的規定進食。例如，沾料中的蒜蓉、芥末，絕對不能混淆。萬一客人稍微任性些，混搭了，就會遭到他的白眼，以及一長串賭氣的長嘆聲（偏偏大都是我那些自以為是的台灣朋友）。小川太太很老實，在旁幫忙送酒送毛巾，一副臣服於丈夫統領的模樣，外加謙遜極的口條與笑臉。

當時還是日本泡沫經濟的鼎盛期，附近上班族喝完酒，在回家的途中都會彎進「小川」，補上兩瓶啤酒、一份生魚片，外加一碗綠蔥鮪魚飯，這一天的辛勞就化作了煙霧，片刻消逝無蹤。

我自此成了小川的忠實擁護者。

小川老闆的料理細緻有款不說，就算是寫在白板上的菜單，也都頗有藝術家的架式；至於滋味？那就更無需贅言了。

他自己每天到築地市場進貨，保證品質新鮮當令。就算是最便宜的夾竹魚、秋刀魚，小川料理後的生食，其味甘鮮美，毫無腥味，簡直是吃在嘴裡，美在心裡；就算是有心讚美老闆一聲，也都捨不得停止口中的咀嚼。

小川太太的娘家在熊本，是故小川店裡不乏生馬肉或是生牛肝。他的生馬肉與生牛肝都是要沾蒜蓉與醬油的，生馬肉的肉色偏向褚紅，紅中拉有一條條細白的條紋脂肪，小川再三叮嚀，沾醬只要輕輕拂過，千萬不要貪心沾過頭，否則就無法品嘗到肉質的甘甜以及口感的貼順。生牛肝亦然，所謂的入口即化，都無法形容生牛肝的美妙，那種打動心扉的觸動，也只有品嘗過的人才能體會到眼淚幾乎在眼眶裡打轉的激情。

烤魚、生蠔、炙小牛排，乃至芝麻醬拌萵苣、牛肉洋蔥燉馬鈴薯、醋醃鯖魚……每一道菜都有一份不同的情懷。偏偏小川老闆是位嚴苛的導演，站在櫃台後面的他，老要自眼鏡片的上方，用他細小的眼睛，泛著森冷的光芒，盯著食客的表情；一直到你緊繃的神經隨著舒展快活的味蕾，鬆了，緩了，替之於欣喜地微笑，小川這才釋然舒眉，揚著嘴角，回頭去準備下一道菜。

面對小川琳瑯滿目的菜單，最讓我魂牽夢縈的卻是一道最平常不過的砂鍋烏龍麵。我幾次探頭到後面廚房，都被小川趕出來，他說，那是他的業務機密，不能流傳出去。

但我不肯罷休，乾脆自行想像如何烹煮這一味迷死人不償命的料理：高湯一定是昆布熬出來的。先在一灶口熱湯，另一個灶煮烏龍麵（軟硬自己決定）。起鍋後的烏龍麵以冰水過澆，取其Q彈的口感。舀兩匙上好的韓國泡菜滷，注入砂鍋的高湯中；烏龍麵倒進砂鍋的同時，打個新鮮雞蛋，再切兩段白胖的蔥白鋪上；淋半匙香麻油，蓋鍋蓋，滅火；一分鐘後，享用。冬夜裡，掀開鍋蓋，熱氣蒸騰了周遭的空氣，舉筷，挪勺；一口湯，燙破了嘴皮，一口麵，灼痛了喉嚨，卻一點也不會惱怒，照樣冒著汗，全力征服面前的一整鍋……請問，這像不像中了小川的蠱？

是故，我每每陷在理智與情感對抗的泥沼中，無法自拔。晚飯明明吃得很飽，洗完澡，也換好了睡衣，就連被褥都已鋪好，好看的電視劇也逐步進入高潮，我的心思卻開始不安分的蠕動。

「小川」店裡冰鎮好、捏在拇指與食指間宛若少女腰肢的啤酒杯，只要老闆娘將啤酒泌泌傾入酒杯中，你的喉頭就會緊縮，舌下與齒間的神經就開始扭舞……然後，換上滾燙的清酒。酒面上浮著剛烤好的河豚魚鰭，小川替你點上一根火柴，你接過來後，將火苗湊近魚鰭，一縷淡藍的火焰便由魚鰭廣伸至酒面；火花斯文至極，絕不張揚。等到火滅了，酒與魚鰭混攪在一起的香氣，便可吸個滿懷不說，淺淺啜上一口，河豚的餘毒立即麻痺你的中樞神經似的，你只想讚美主。

我世新的學妹李烈，某次來東京公幹，時值深夜，我帶著她去「小川」，初嘗了小川老闆的深夜食堂魅力，她自此念念不忘，老問何時帶她再去「小川」？我一些新聞界、藝文圈，乃至政界都有頭有臉的朋友，只要去過「小川」者，都被小川老闆「煞」到，好像認識小川，比結識我還重要。

泡沫經濟後，日本社會受到極大影響，從銀座的酒廊到六本木的舞廳、高級料理店、計程車業者等，都開始度日如年。當然，「小川」也不可避免地受到影響。

我經常一個人在「小川」，陪著老闆與老闆娘在深夜裡聊天，平常在店裡常見的熟客都漸次不見。小川老闆唉聲嘆氣，低聲念著，撐不下去了，快撐不下去了。我因工作關係，停留在台灣的時間增多，就算偶一回去，也只能去個一、兩趟，小川老闆無奈地跟我說，他大概真的要關店了，我除了勉強安慰他，也真的是無能為力。又後來，再去，只剩老闆娘一人撐著店，她說小川到新宿的京王飯店工作去了。然後，「小川」的看板收掉，我曾經愛戀過的深夜食堂，就此成為歷史的灰燼。

「小川」成就了我這無藥可救的老饕之外，也為我上了一堂洞悉日本社會的課。我看到了一位專業又有自信的廚師，是如何建構起他自傲卻還是要崩解的王國。我看到了不同階層的客人，或是高談闊論、目中無人；或是一夜不語，沉思在菸霧中，憔悴醉去；我也看到自以為高人一等的能人，是用何等招人厭惡的嘴臉，開了一瓶又一瓶的酒，吃了一道又一道的菜，卻無視小川熾熱的眼神，兀自與同行的女伴打情罵俏，最後呼嘯而去。

曾有兩次，剛好經過新宿的京王飯店，我有衝動，想去尋找小川。但是，看到京王飯店裡許多餐廳，我該如何去尋覓小川？就算找到小川，工作中的他一定沒有功夫理我，我又該如何與他敍舊？

於是，將他拿手的小料理，不時在腦海裡演練一遍，就成了向他致敬的唯一途徑。

我慶幸，曾經擁有過，那引以為傲的深夜食堂——「小川」（OGAWA）。

原載於《聯合報》副刊，二〇一六年十二月二十一日

生為我媽的孩子我很抱歉

黃麗群

1979年生於台北。政大哲學系畢。曾獲時報文學獎、聯合報文學獎、林榮三文學獎、金鼎獎等。已出版短篇小説集《海邊的房間》，散文集《背後歌》、《感覺有點奢侈的事》，採訪寫作《寂境——看見郭英聲》等。

我媽經常説：「你這張嘴真壞。」在此，並非一般認知中口角鋭利的意思——雖然説這方面我的嘴也的確是壞得不得了。不過她講的是一種神經質。例如夏日她料理絲瓜，清炒，略下蝦米，某天又吃，入口五秒，決定弱弱而有技巧地問一句：「這個蝦米，它包裝袋是不是沒關緊？」我媽頓一頓，問：「怎麼説。」「蝦米有點冰箱味。」「就封口裂個洞沒發現，剛看見想説趕緊把它炒掉，這蝦米上禮拜用還是好好的，開口就破幾天而已。你這個人嘴怎麼這麼壞。」「……但絲瓜還是很好吃啦。」我説。（如果你狐疑前面提到的技巧在哪裡？就在這裡。）

當然我自己認為「嘴壞」跟「嘴刁」之間，還是稍微存在差別。「刁」像它的字形，有挑起來的部份，比較寧折不屈。「壞」呢，就是純壞，肚裡忙於筆畫多，不一定要有積極作為。因此那些味道略像冷凍室的蝦米我依舊一粒不漏吃光它們。但無論刁或者壞，難免想在此提出卑劣的抗辯，主要是認為這責任，到底不全在於我吧，誰讓我媽菜燒得好呢，一個人，吃好的菜，歷三十餘年，嘴就會壞。這是人間奇怪的正正得負原理之一。

若要講我媽燒的菜，恐怕很難不落人以「炫耀媽媽」的口實；但話說回來，這時代已是嘴抿得緊一點，不動輒哭出牙齒舌頭給人看，都能算是傲慢。那麼也只好說一句：「生為我媽的孩子，我很抱歉。」

自己讚美自己的媽媽善庖廚，不太有說服力，畢竟許多人都主張各地家母的手藝是世界冠軍，以「媽媽的味道」解釋也未盡善。理性上我對這類修辭（醬油、味精與廚具廣告中頗常見）懷有輕微的抗力——一部份來自於它將家事工作描述為一種情感的支付責任，一種連帶而生的道德債務可能，以及一種因繫於非理性而較為次級的業務，《教父》第一集開頭處有場廚房戲，胖子克里曼沙把麥可叫到鍋爐前說：「來學學肉醬怎麼做，以後你可能要為幾十個人煮飯呢。」台詞平坦，意境崎嶇。另一部分來自於此而出的各類理所當然，例如沒有人問過舍弟：「你有沒有跟你媽學做菜？」但初次見面的閑雜人（不是譬喻，真有其事），倒是不憚其煩自覺頗有資格對我進行再教育：「聽說妳媽媽很會煮喔，妳應該跟她學一學。」我心想所以呢，我並沒打算請你來家吃飯，急什麼急你。這時就變成：「生為我媽的孩子，干你屁事。」「輕微」則因我無法否決它。這確實是我童年的硬指標。母親啦餐桌啦家的味道啦……這一切膝反射的想像令人厭倦，然而，偏偏又很好吃。

此外也是極晚才明白「家裡有好菜」並非放諸四海皆準的事。就像歌詞唱「天下的媽媽都是一樣的」，塗裝雖然粉紅色，就中不乏刻酷。

我家有好菜一節，後來在親友間變得有點兒出名，多因我父親處世四海，那時他喜愛在家請客，請客不是三五人，起碼三五家，一般都是晚餐，五點半踐約，客廳裡先坐坐，聊天，喝茶，嗑花生瓜子（所以這些東西我家常年大包大包地預備著），抽菸，有段時間我父親嗜好菸斗，那燃燒起來是非常地香。

六點半前後我媽從廚房探出頭來說大家坐吧坐吧開飯了。眾人起身。飯廳有一面沉重的木長桌，橢圓型，團團圍上，能搭坐十數位，十數位互讓半晌。如果一併來了小客人，得早早完畢功課才好在客廳一起邊玩邊吃；如果沒來小客人，就在房間裏算數學、看綜藝節目、自食小碗菜。

那時我父母請客真是吃到七葷八素的。肉燉在東坡上，鴨懷著八寶心，海味燜燒大烏蔘，山珍隨佛都跳牆，口味清淨有髮絲豆腐羹白果娃娃菜，孩子多幾個就添上鳳梨蝦球糖醋排骨。冬天砂鍋魚頭，夏天換冬瓜盅（我媽能在冬瓜的皮子上雕花）。宴必有飲，當時東洋酒西洋酒都不是太時行，家裡也不上黃酒，所以喝（還沒慘遭炒作的）茅台或高粱，故又須有一道豆干爆牛肉絲。涼菜滷水，燉湯甜點，多半次次各別各樣，餐具就使用大同瓷器，不名貴。

整套菜進行到半途靠後（也就是蒸魚前的那七到八分鐘空檔），我媽會暫時坐下吃點並接受夾道歡呼：「敬大嫂！」「敬大嫂！」「嫂子辛苦了！」「嫂子今天菜太豐盛了。」一桌人多半我現在歲數，有些甚至更年輕，但今日想想，還是覺得他們真是非常「成年人」。

甜品吃完，再回客廳。再喝茶。廿幾三十年前普通人家談不上大型的講究，但此時也會把茶換上普洱，水果先早已切好鋪在瓷盤，我媽的佈置是清口到甜口，約兩三種，冰箱取出即可，但我必須洗澡準備睡覺了，躺在房間，客廳的話語瀰漫進來，偶爾像戳氣球一樣爆出笑聲。

夜裡一時而醒，若是門縫一線輕光，且有微響，那是最後留下一二密友長談醒酒。若滿眼灰暗，那是人都散了。

後來，當有人談想台灣八零年代鮮明熱烈之處，我印象就是家裡請客的樣子。我父親於九零年代前的四十三歲過世，稍微計算一下，差不多再墊上一個小學生的年紀我就要超過他。將要活得比你的父親更老，感覺是有些奇怪。

但我家「好吃的」不全在「吃好的」上頭。從前讀《射鵰英雄傳》，講黃蓉吊洪七公的胃口，說要做拿手菜「炖雞蛋啦，蒸豆腐啦」給他，洪七公便非常高興。

過日子沒有誰一天到晚上宴會菜。我比較記得小學下課午後的點心，紅豆蓮子，綠豆百合，仙草愛玉紫米粥，鹹的蘿蔔糕蔥油餅。那時週六要上半天課，放學到家十二點半，午飯時一邊看電視劇《中國民間故事》。印象裡週末中午常吃乾煎大白鯧，不要看它現在貴得好像塑金身，當時都道是尋常。

平常日，天氣若簡便合宜，我媽也常牽著三五歲的我弟送午餐來學校。我記得一個銀色不鏽鋼單層飯盒，上蓋左右兩個耳扣，打開裡面什麼都有。另一小袋子裝切好的水果。日後我媽轉職工作婦女，我弟不曾吃過這樣的便當，她似乎因此心有一些負欠。

倒是某類東西我們至今很少在外買，例如小魚辣椒，或麵食，尤其餃子，我家的餃子瓠瓜韭菜蝦仁花素（甚至是香菜餡……）都值得吃。此事人證頗多。要說藏著開天闢地的訣竅，好像也沒有，無非素的調味應當清微，葷的就是選材拌料，誰也能講上兩句，若問我更是迷茫無話。我對烹飪是雙料地缺乏興趣與才華，許多許多故事談著母親女兒廚房的三角關係，有時是手把手的情意面，有時是肘抵肘的扞格面，也有時像佐野洋子的《靜子》，母親靜子風格粗野，虐兒成性，只有一起做飯時，兩人很和諧，也不苛扣，海苔壽司卷切下來的邊邊就順手給佐野洋子吃。佐野洋子學成一套很像樣的家常菜。

在我家也不是手把手也不是肘抵肘，也不怎麼戲劇化，就只是我媽烹飪上才情光芒萬丈，大家更近於詩人的讀者，鋼琴家的聽眾，一碗宵夜蛋包乾拌麵也國色天香，問她為何，她皺眉想想，「就是隨便弄弄。」再想想，又說，「因為東西經過了我的手。」我其實相信。很小時父親特別教導「不可以批評食物」，我先不懂：「什麼叫批評？」而後困惑：「但我為什麼要批評食物？」懂事才知事情不是憨人想得那麼簡單，他應該是打預防針：小孩養尖舌頭眼見必不可免，至少教會日後在外吃飯勿多話，勿得罪人。

當然她並非全能，西菜與烘焙就不擅長，某一年試包台灣粽我也只好默誦阿彌陀佛（不過麻油雞或醃蜆仔很厲害），重點是在長年經驗薰習之外，我媽對食物富有各式各樣機敏的先覺，那是靈機忽動的一撮花椒，心有所感的多沸三秒，那是創造性。依著這樣的先覺，我家烹調不放味精，燉湯值得走鹽，東坡肉絕無勾芡（《食豬肉詩》說的是「火候足時它自美」，可不是「上桌前你要勾芡」），但這一切無關健康考慮。不需要而已。

前陣子有人闢謠，說味精對身體並沒有什麼禍害，電視新聞也報。我媽坐在那兒，看半天，講話了：「不加味精，是做菜人的自尊問題，不是健康問題。就是自拍不要用美圖秀秀的意思。大家弄錯重點。」

我以為她頗英明。

有時我們認為，食物若要美味動人，滋養滋潤，不管為職業或為家務，關鍵多半在於所謂「有愛」。

有時我懷疑。

許多人一生做著擅長但未必喜愛的事業，我想我媽在廚房裡，手中撒出是對自己人生的贊同也是懷疑，是對自己的要強也是對親人的心有所感，是這樣，能讓滋味繁複成理。沒有什麼能單靠一句愛。但她是否真的喜歡烹飪？這說不明白。幾年前東京孝親十日，策劃住宿時我在電腦前自言自語，說要不要試試看帶有廚房的公寓式酒店……我媽路過，警醒無比：「什麼，我出門玩還要煮飯給你吃嗎？」「沒有沒有，我不是這個意思。」果斷訂下標準觀光旅館的夜景角間。非常地得體。

入社會後才逐漸辨識出並訝於所謂「母親在母親之外」的客觀性質。她思路深細敏捷，執行力與行政手腕都甚是強，退休近十年，至今曾經的上司仍託以存摺印鑑等腹心。我不止一次想過：如果她是我的同代人；如果出身小康；或如果她的原生家庭曾不吝於任其發展志性（啊真是老梗不已的時代無奈性別劇），青壯年期又趕上了八零年代烈火烹油的全球大景氣……總之我媽顯現的潛能，遠在她的孩子之上。

或許我對人類繁殖的懷疑由來於此。生為我媽的小孩，有時就對世界有點抱歉，自覺是個瑕疵品，硬梆梆地佔據著機會的空間，但原本在那兒有個模糊如柔霧，具備各種維度層次與韌性的可能性……

奇怪的是，前述那些社會中普遍受到褒揚的性質，若表現在家庭場景，就像教科書的插畫一樣，看上去優美，卻不全然令人愉快。我往往刻意或無意地處於各種規約與條理的反對面，處於持久但範圍有限的抵抗與製造混亂裏。有時我猜，你若想培育一個循規蹈矩的孩子，訣竅恐怕不在於多麼地言教身教，而是比他更加地胡攪蠻纏……有位天生揮灑的親戚也是教養出一位非常傳統的女兒。實在是一花一天堂，一家一業障。

同樣的道理，儘管整天被講嘴壞，我也不能算個吃家。原因之一是我確實並不哭夭挑食，有好的也高興，冰箱裡剩到乾的一片吐司配白煮蛋也相當可以，甚至接近故意地不去講究，當然這有點有恃無恐意味。相當惡劣。原因之二在於我並不會弄，自炊時潦草到鬼見愁，超市冷凍雞胸肉（不必處理骨血廚餘）與花椰菜與一把麵條水煮加調料胡亂攪拌，也能面不改色連吃數餐。原因之三是除了燒臘烤鴨一類器材有限制，外間能吃到的菜色，我媽都做得挺好，不積極於外食，坊間飲食動態就不熟悉。有次朋友們晚飯時間來我家附近，問這裡能吃什麼，我說我不知道。「這裡不是你的地盤嗎？」「嗯就是因為這裡離我家太近了……」「噢！」眾人秒懂。

結果最後再一次吃了火鍋，就是相對最不出錯的選擇。中年人們，再好些的追求也就是不出錯了。

關於吃，或者關於不吃，在人間產生著重重的問題，有時甚至不小。例如戀人間絕對沒有正確答案的：「中午要吃什麼……」，身型與階級的政治，危險起來是生存，饑餓，是各種災禍與惡意示現的第一站，可以到達滅絕了心靈的程度。

但在我家，因為我媽的緣故，這件膨脹潛力很大的事，像被收進鍾馗的八卦傘，縮小得不成問題。或者這麼說吧：在我家，如果吃，就是「你能吃多少」的問題，如果不吃，那就是「那你不要後悔因為大家不會留給你」的問題。

所有的難，在這裡融解為所有的簡單。

我覺得沒有什麼別的事更能說明家庭裡關於恩情的那一面了。

所以了，有媽如此，節食實在很難，我又不曾中遺傳的大樂透（仔細分析起來，應該更接近繼承了遺傳的負債吧……），因此一生就沒有當過一回瘦子。過去幾年，不知不覺，涉入人世漸深，水一深，險流就比較多，而世人若欲襲擊女子，形象問題又是十分簡便的，由此生出照面劈打的明槍，或者背刺的冷箭，不免也經過了一些。然而，難道誰以為我會為我媽的天才與我爸的基因感到遺憾嗎？開什麼玩笑。生為我媽的小孩，日日貓肥，天天家潤，抱歉了，我可是一點也不抱歉。

原載於《端傳媒》，二〇一六年八月十六日

京都快閃

孫梓評

1976年生，東華大學創英所畢。現任職自由副刊。著有詩集《善遞饅頭》、散文集《知影》等。

醒來，旅程第九天，窗外急雨。半山坡上的老旅館，騰著和雲一樣高的錯覺，在榻榻米躺下來，就像躺在天空局部，沒做完的夢也會很快墜下去。要離開了。八點五十一分的超廣角特急，還得先繞走一整個U型山路，才能到抵山下車站。

然後，去京都。

難得是這樣的路過，前後都有句子，只拿京都當一個過場，便打定主意，什麼廟都不去，什麼枯山水都不看，什麼祭典都不參加，（自以為）返鄉遊子式的，挑幾間小時候心愛的店家——假裝，那些食鋪也伴過我的青春期，一條小路目睹我兩次車禍，一間咖啡館和不同戀人喝過口味有異的咖啡。

行李拴在車站，轉車前往六角通。鰻魚老店京極かねよ終日散發燒烤白煙，午餐時間已過，大正末期迄今的木桌子木椅子似有一種「我累了」

的喃喃。坐下來點碗きんし丼，大碗蓋不住露出邊緣的厚片玉子燒，拿筷子掀寶，才看見烤鰻睡在蛋和飯的中間。湯是鰻肝湯，滋味幽微。

午後錦市場晃晃。京野菜有的乖乖待在竹簍上，有的泡在水裡，奈良漬溫馴有序地疊高，量詞竟是「一舟」。呀，今晚開胃菜就是一樽生啤，一舟形味皆雅的酒糟醃瓜吧。

然後去喝咖啡。先斗町雜巷中迷途三番。茶寮都路里前永遠的排隊人潮。那就移動到橋上看一下鴨川，街頭藝人和化緣的僧，都各有位置。風在河面吹出線條。終於抵達Francois喫茶室，低調刷白的歐風外觀，彩繪玻璃吊燈，長髮女侍者彷彿從竇加畫中走出，端來雪白瓷器裝盛的起士蛋糕，佐著鄰座日本歐吉桑和女兒的細語，以及古典樂，咖啡極黑，襯得瓷器更白了。

時間還剩一點。散步回京都塔。誰沒事會上塔頂眺望？從來，京都的細節都必須是近身授受的。一縷誰的浮香，一抹單車背影，一尊少年阿修羅……果然高處俯瞰只得到「獸」：哦，那是五山；哦，那是清水寺；哦，那是京都車站。反正重點是要去塔下方的大浴場，據說因為營業時間長，而頗受旅人喜愛的浴場，慢吞吞脫了衣服，清洗自己後，縮進不規則造型浴槽，身旁都是當地老爺爺，每日作業般來此，和面熟者寒暄談笑。我是白紙上不應該的墨漬。

臨走前，再到現已閉館的「手塚治虫世界」看一場原子小金剛動畫，就結束快閃行動。買了個筍飯搭配鯛魚的老舖便當，跳上Kodama列車，往東京——假裝自己身在高鐵左營站，買妥美味野菇濃湯，靠窗位子，列車移動，總在眼熟的一瞬，想要指認位於鐵道旁的祖墳。然而窗外只有京都塔，雪白塔身，像根蠟燭，擎著亮光，很快，在倒退的夜色中被風溶溶地吹遠了。

原載於《聯合文學》雜誌三八三期，二〇一六年九月

昔日甜食

陳雨航

1949年生於花蓮，曾從事報社及出版社編輯多年，著有短篇小說集《策馬入林》（1976，領導／爾雅）、《天下第一捕快》（1980，時報），長篇小說《小鎮生活指南》（2012，麥田），以及散文集《日子的風景》（2015，馬可孛羅）、《小村日和》（2016，九歌）。

那時候是在花蓮群山環繞的電廠宿舍，母親煮了什麼東西，倒在鋁製茶盤裡，放冷凝固了，用刀子斜切，一塊塊菱形的半透明的吃食便呈現在我們眼前。入口化之，微甜，好吃，母親稱這食物為Kanten。

成年以後，在城市偶爾會看到過穿街走巷賣麻糬的攤車，往往也賣和Kanten一樣的吃食，攤車的櫥櫃上寫著燕菜。它放在鋁碗裏，倒扣出來裝進透明塑膠袋交給顧客。中年始學日文，慢慢才知道Kanten的漢字是「寒天」，寒天與燕菜是一樣的嗎？Google看看，兩者跳出來的第一則完全一樣：洋菜。原來我吃的是洋菜凍。

洋菜凍是我記憶裡最早的吃食。母親會做這些零食，想來是她在學生時代學過，而更多的原因恐怕是為了我們這些小鬼。我們在山裡住了大約三年，印象裡只出去外面一次，平常日子都在不到十戶人家和一棟單身宿舍組成的區域裡活動。沒有商店，沒有小販，沒有零食，那就自己做吧。

離開山裡的電廠後，住在加禮宛的宿舍。記憶裡，宿舍區很廣，好幾次越過大片草叢和電桿堆中間的小徑，被派往住處另一端大門外的茅屋小店買放在玻璃罐裡的一塊塊爆米花或者五顏六色的糖球。宿舍這一端有個小門，但外頭比較荒涼，出入的人相對稀少。偶有文面的原住民婦女背著幼兒提著小芋頭進來與住家交換舊棉布衣褲，也有講河洛話的婦女肩挑蔬菜水果來叫賣，其中我現在還有印象的是紅心番石榴。

有一次，我跟隨母親出了那個小門，走了一段田邊小路，來到有竹林和樹木的幾戶人家，其中一戶有個自製煎餅的大爐子。回想起來，煎餅大概是一片桿過的麵片，略捲成橢圓筒狀，再切成一公分多寬，側看略像迴紋針形，進爐烘烤。先來後到排了一些時間，我們買到了一大包煎餅回家。

母親把煎餅收進一個用過的空餅乾罐，罐子是鐵皮製的，呈正方體，上面有個圓形蓋子。每天一回，母親會拿出來分配給我們兄妹。有一天，嘴饞的我，偷偷拿出了餅乾罐，沒注意母親是怎樣開箱的，我拿了縫紉機小抽屜裏的剪刀，用它的尖端去撬開蓋子。噹一聲，剪刀的一片利刃竟然應聲斷了約一公分。我嚇得趕快把餅乾罐和剪刀分別歸位。

剪刀毀損之事要過了一些日子母親使用縫紉機時才發現，沒人聯想到它與餅乾罐的關係。

母親問了每一個人，當然沒人承認。嚴厲的父親那次居然輕描淡寫，只是歪著頭說：「奇怪，這日本製的剪刀怎麼這樣快就壞了？」

惜物時代，又用了些時候，大概是不順手罷，才重買了新的。有了新剪刀，壞掉的剪刀並未丟棄，父親將原來那支剩下的一個尖刃敲斷，這樣就成了一個平頭剪了，只是從此以後它淪落為剪鐵皮、木屐帶等等的粗用工具。之後，我們再搬了幾次家，住到鄉村家園，日常生活裡少不了房舍、籬笆、果棚菜架等等的修繕作業，我們有一個木頭提把的工具箱，大小鐵釘、蝴蝶門夾、公母螺絲、起子、老虎鉗等一應工具用品全收攏歸放在那哩，那支曾經晶亮的平頭剪也在裡頭。

一直到十幾年後我離開家，它都還在那裡，見證著我幼年時候的罪行。

在鄉村家園，母親比較不忙心情好的日子，偶爾也會做些甜食。

現在稱做車輪餅，或者紅豆餅的，我們當時沒人這樣說，都只說是Manchu。多年以後我才知道那是日文漢字「饅頭」的發音，中文的饅頭不包內餡，日語的所謂饅頭是包餡的。那個時代，花蓮市內的Manchu攤子也很稀少，我只看過在公路局巴士的公賣局招呼站旁有一攤，大約是一個兩角三個五角的價錢。

我們家做的紅豆餅與外面賣的不一樣，因為工具不同。現在我們在街上看到的模具烤盤，它上面一、二十個圓形凹槽邊緣都是垂直下去的，這樣才能做出車輪形狀的成品。我們家那個模具應該不是紅豆餅專業用的，我懷疑它其實是一種我不知道用途的什麼工具，它長得像一個帶長柄的平底鍋，但鍋底多了三個呈品字形分佈的圓形凹槽，只是這凹槽並非垂直而是呈緩坡向下，有點像放醬油的小碟子。我們家做出來的紅豆餅因而長得有點像現在常看到的銅鑼燒，只是銅鑼燒的邊緣是開的，你可以看到它的內餡，我們家的餅邊緣則是封閉的，形狀像漫畫或電影裏的飛碟。

管它紅豆餅像什麼，有得吃就讓人高興了，問題出在烤盤。只有三個模子，要烤兩次才能做出三個餅，而等著吃的有七、八個人，這太為難了，母親也覺得太花時間，只做了兩回吧，那個飛碟餅工具便遭到束之高閣的命運。

不做飛碟餅，那就來做芝麻球吧。做芝麻球要用花生油炸，客家人將花生油說成「火油」，母親交給我一個空酒瓶說：「去買罐火油。」我走到大門對面那家退伍軍人開的小店說買火油，老闆接過瓶子戴起老花眼鏡從角落的缸裡酌滿了給我。回家把找錢還給母親，怎麼這麼便宜，她說，打開瓶口聞了聞，大驚失色，叫我給退回去。原來是小店老闆將火油瞭解成煤油。差點出事，我們家使用的「火油」這個詞彙便自然消失了。

將事先做好的芝麻球放入滾油的炒菜鍋去炸，很快就能起鍋，數量也夠分配，比紅豆餅好多了，如此做了多次。我們家是燒大灶的，炸芝麻球時，我常常坐在灶前的小板凳上負責添柴火。一回，在油鍋裡翻滾的其中一顆芝麻球不知什麼原因突然炸開了，油飛濺了出來，剛好噴到我的臉上。波及的面積還不小，整個臉都花了，幸好沒噴到眼睛，傷好後也沒留下痕跡，只是那陣子在學校裏要回答老師和同學的詢問感到很煩，我一定是撒了什麼謊蒙混他們，畢竟為了芝麻球弄成這般模樣有失自尊吧。

這樣不安全，「毀容事件」之後，我們家從此不再炸芝麻球了。

原載於《自由時報》副刊，二〇一六年八月三十日

浮華夜宴

陳文茜

作者曾經寫下一段自我介紹：陳文茜，曾經年輕、不認老去。曾經從政，瀟灑告別權力。曾經文藝、不耽溺文藝。她的書寫包含世界財經、國際政治、小品散文、女性與愛情、生活感悟及哲學思辯。人生橫跨學術、電視主持人、廣播主持人、作家、藝術策展人。曾授課台灣大學財經系教授「小人物的國際政治」，在政治大學文學院擔任講座教授，在東海美術研究所教授「儀式美學」。李敖笑她，除了沒唱歌仔戲什麼皆包辦：她回李敖：至少擔任過 EMI 唱片公司台灣總經理，而且主持一檔「文茜的音樂故事」。問文茜為什麼轉折如此多的人生，她的答案：我只有一生。問她為何活得和許多女人不同？她說：女人的責任就是悅己。成為公眾人物的她，只為自己打扮，不為他人眼光穿衣。文茜的座右銘：亂世中也要當佳人。

現任中天電視「文茜的世界周報」節目主持人（2005 - 迄今）、中天電視「文茜的世界財經周報」節目主持人（2008 - 迄今）、中國廣播公司「文茜的異想世界」節目主持人（2007 - 迄今）

又到了亂世。亂世中的文人，自古有一套自處的哲學。

《韓熙載夜宴圖》如今成了北京故宮鎮院之寶，《夜宴圖》中的韓熙載空懷遠大抱負，避亂南唐金陵；他知道南唐的時代快亡了，也看出自己北方人的身分終不得朝廷信任，於是夜夜笙歌。南唐朝中無人以他為敵，荒唐幫助他換來了安身立命。歌伎蓄養百名，月初散盡餉糧，月中沿歌伎屋街乞討，韓熙載因此成了五代十國傳世奇人。

台灣的漢唐樂府二〇〇七年九月十五日曾於北京故宮首演《韓熙載夜宴圖》，重現一段浮華亂世的扭曲歷史。「漢唐樂府」飾演韓熙載者，較之原畫中人物清瘦，眉目也過於文雅。實際韓熙載狂放不羈，留長鬚，夜宴中高興起來，換便裝脫下官服，甚至敞露胸膛。

《韓熙載夜宴圖》中的主角固是韓氏本人與他的狂歡賓客、百名歌伎，實則從未出現的另一個重要人物則是即將亡國的統治者南唐李後主。《夜宴圖》等於是當年皇帝派出他的狗仔特務之作，南唐李後主既羨韓熙載才氣，想立他為宰相；又忌他北方人身分，深怕他叛變，於是派畫師顧閎中混進韓府賓客中，觀其動靜。顧閎中如實畫作韓府夜宴，目的不是書畫，而為偷窺刺探，有若今日之狗仔，因此夜宴圖不是一幅單畫，而是連環長卷畫作，共分五段五圖。

西元九六八至九七〇年間，某一天的日暮時分，金陵即將結束一天的喧嘩。城南一座豪宅，就在那一夜開始了一場日後沿傳千年的Party。韓家宅第，氣派非凡直比宮殿，巨大屏風繪著山石樹木，黑色几案坐榻沉厚古雅，精美食器盛著菜餚、酒水，侍女環列，一場傳誦至今的夜宴即將開啟。

《韓熙載夜宴圖》所以成了北京故宮鎮院之寶，不是因為畫師顧閎中畫得太好；而是圖畫中心主角韓熙載的處世態度太奇特了，他似乎早預知自己的政治命運，因此設宴擊鼓時，從無笑容，眉頭緊鎖；在他放縱聲色的外表下，韓熙載知道這不過是亂世中偷來的愉悅，一切即將結束，一切稍縱即逝。他養著百名家伎，揮霍無度，等千金散盡，竟頂著老臉裝瘋賣傻沿後院向歌伎們行乞。《夜宴圖》定格了一個時代，也定格了某種哲人的自處之道。當文人卑微至只能苟活時，那滿腔熱血頂好化為烏有，愈是熱鬧，愈是悲涼。亂世的世態太無常了，只好裝瘋賣傻。

蘇東坡是另一個亂世中文人自處的典範。這位四川人被貶到杭州當通判，自知處境和囚犯沒差別。他同情違反新政法律的小民們，不過是販賣私鹽討個生活，於是寫下了真心話，「平生所慚今不恥，坐對疲氓更鞭垂」，哪曉得更得罪朝廷。於是一有機會他即遊山玩水，今日西湖之美名，幾乎全拜蘇東坡的詩情。在公認最好的詠西湖詩中，「水光瀲灩晴偏好，山色空濛雨亦奇。欲把西湖比西子，淡妝濃抹總相宜。」西湖如今處處仍是蘇東坡的腳印，「蘇堤」伸入湖心，小嶼倒影命稱「三潭印月」，垂柳夾道還是蘇東坡修的風景。沒有蘇東坡，就沒有西湖的傳世之美，正如沒有韓熙載就沒有中國史上最盛名的夜宴。

這兩位亂世中的失意文人，對國事皆滿懷才華與抱負，但生的時代不對，跟的主子不對，放情宴飲山水，卻因此留下史上最美麗的錯誤。

兩人皆喜好歌伎，也愛與和尚交朋友。韓熙載夜宴圖連卷第二幅「觀舞」，一名高僧背著正表演中的寵伎王屋山，雖參與夜宴，卻不好正眼觀舞伎。蘇東坡也曾有個文學傳說，喜愛把名妓與和尚扯一塊兒。

蘇韓兩人眼中，凡詩、鼓樂、酒肉、名妓與宗教哲學，都是與殘酷官場畫清界線最好的絕緣體。

這是官場外的哲理，逢場作戲莫相疑，只有如此才能了結那俗世中的權位之謎。

原載於《人間福報》副刊，二〇一六年九月十二日

光陰之味

呂政達

1962 年生，台大國發所碩士，輔大心理系博士生。曾獲時報文學獎散文首獎和評審獎、聯合報文學獎散文大獎、梁實秋文學獎散文首獎、宗教文學獎散文首獎、林榮三文學獎散文首獎，更獲國藝會文學創作補助，並被九歌出版社選為臺灣三十位散文代表作家之一。著有《怪鞋先生來喝茶》、《丈夫的祕密基地》、《走出生命幽谷》、《偷時間的人》、《從霸凌到和解》、《孤寂星球，熱鬧人間》、《長大前的練習曲》、《我在打造他的未來》、《異考錄》、《爸爸，我們好嗎》、《不落跑老爸》、《錦囊》、《臺灣女兒》等四十餘種；其中《做個會發光的人》獲新聞局選為優良青少年讀物推薦，《與海豚交談的男孩》榮獲 2005 年《中國時報》開卷美好生活獎。

來到外祖母的晚年，還沒有遭遇金融海嘯，每到外祖母家作客，她端出一盤鮮綠修長，嚼起來像絨毛玩具的菜，說「這個就是膽小鬼。」

那道菜在綠色外殼內有黏稠的液體，口感非常特殊，幾經詢問才知道，就是黃秋葵。攻讀農業的舅媽從國外引進，當時在台灣的餐桌上還算新鮮，卻被外祖母當成是「膽小鬼」，當然，我們費了幾年的功夫，也沒有教會外祖母正確的說法。外祖母終生不識字，蔬果取什麼名字全憑口感和經驗體會，但對受過識字教育的我們卻堅持要說對菜名，名不正食不順，或許，關於對食物的態度，外祖母畢竟才是對的。

外祖母活了九十三歲，那近一百年的光陰，從日據到國民政府，從威權到民主選舉，怎樣的改朝換代，都是外祖母的黃金年代。把年歲細分到一日日的份，或者再細到每一餐的張羅，我們確可用飲食來為每一個人物書寫生命史。奧地利的精神分析大師佛洛伊德名言：「每個人會把兩歲時住過的地方，當成是終生的原鄉。」兩歲時媽媽餵我們吃下的食物，應該，也會成為終生懷念的光陰之味。路過淡水，有個從英國來的女子艾美開了家餐廳，販賣外祖母給她吃過的炸豬皮，視為終生美味，「你們台灣人的祖母也給孩子吃豬皮嗎？」她問。我說：「有啊，不過我們把豬皮放進白菜滷。」

我對外祖母料理的懷念，就由此出發。我不確定自己兩歲時有沒有吃過外祖母的菜，但我母親記得的則是一道竹筍煮虱目魚，竹筍是自家農田附近挖來的，醃過長久保存，若有魚販運虱目魚來村裡賣，頭和尾加入醃筍內煮。那個年頭，鄉下小孩不常有機會吃到虱目魚肚，也許是這樣，我總覺得台南的老一代對虱目魚肚有種特殊情結，我認識一個台南歐里桑每天早上都到赤崁樓邊大啖一副虱目魚肚，配上一只冷掉的油條，不妨稱為光陰的「補償心結」。

晚年，外祖母還親自下廚時，農曆正月初二跟母親回娘家，外祖母從參加喜宴得到靈感，會做一道豬小腸塞蓮子，小腸的軟和蓮子的鬆感極為搭配。據說外祖母每年只做這麼一回，她應該覺得兒孫回家是大事，應該煮一道特別的菜，那道喜宴得到的印象，就是外祖母的大菜。那時，我們視進外祖母的廚房為畏途，她一生只用柴火燒的灶頭，沒動過瓦斯爐，一煮飯時生起火廚房又燜又熱，外祖母就這樣過了一生，張羅過每一餐。二十多歲時，我在灶頭邊見到一隻貓趴著狀似忙碌，邊嚼邊舔著牠的鬍鬚。只見外祖母邊煮著要給我們吃的菜邊說：「喔，那隻貓正在吃老鼠。」不知為什麼，此事讓我對食物鏈這回事產生重大衝擊，從此我就沒有再喜歡過貓，當然，也不能說我因此同情起老鼠。

這一生，外祖母的餐桌上，她吃下的食物，多半來自自家的土地和耕作，依靠土地的情感之深，也不是都市人近年興起小農風氣能夠比擬的，對外祖母，那就是她唯一知道的生活方式。她傳下頗多與食物有關的諺語，有一句可這樣寫下：「路邊的芭樂眾人插，等到熟時滿身坑。」還有一句是雜草和稻穗的爭吵，稻穗說雜草怕火，雜草譏稻穗禁不起風吹。我原當此句是鄉間的俚語，幾個月前訪母親的娘家，外祖母已故去多年，舅舅要整地種果樹，一把火燒著滿滿田畝的野草，那把火從下午燒到黃昏，久久不熄，放目望去半個天空瀰漫濃煙，我開始想像，外祖母當年一定也常常見到此情此景。

我走進偏廂的廚房，外祖母離去後的灶頭冷冷，遺留下的柴火已受幾個季節的霜凍，想是再也燃不起了。光陰之味其實正是如此的滋味，悠悠，冉冉，我們不只是在吃光陰，最後，也得給光陰吃了。

原載於《聯合報》副刊，二〇一六年一月十四日

煎蛋餃

曾谷涵

1982 年生，苗栗通霄人。國立成功大學中國文學系 94 級畢業，國立東華大學創作與英語文學研究所第六屆。講到吃最常想到的文字是洪七公和楊過在雪地裡吃蜈蚣。

已經幾年沒回家吃年夜飯了呢？他一邊把蔥與芹菜切得細碎一邊想。光是這麼問，好像連續劇裡有家庭糾紛的隱情不得團聚，例如主角發現自己不是爸媽的親生兒子而離家，或是父母因為遭誣陷負債被黑道追殺而人間蒸發。事情才不是這樣。爸爸跟媽媽都好得很，只是他剛好都沒辦法回家。

所以已經三年沒有做蛋餃了嗎？拿著三根筷子攪拌絞肉，一點鹽，一匙醬油與麻油，還磨了些薑泥與蒜泥以及胡蘿蔔泥，隨興所至再灑些白胡椒粉，順便打個噴嚏。小時候問媽媽絞肉為什麼黏黏的，她說因為有鼻涕呀。

第一年是還在學校的時候，提前買好車票卻沒料到荒唐的擁擠人潮把月台塞得像演唱會搖滾區，果真華人春節是地表最浩大物種遷移，明明買到座位卻上不了車。是這樣嗎？也許那時候因為看到車廂裡悶著的體熱與呼吸都在冰冷窗上凝出霧氣了，車門還有人爭得臉紅氣喘，他心想，別去擠了，回宿舍去跟沒有回家的僑生們喝酒打麻將。打電話告訴爸，爸說好呀，少發一份壓歲錢。那年媽媽買好的絞肉後來就做了獅子頭。

他耐心而規律地打著蛋汁調合地瓜粉，讓它均勻得像澄黃的乳液，想篩過一次更細緻，但懶了。記憶裡爸爸還是給了他壓歲錢的吧。

第二年則是畢業即失業，他在家悶得發慌，最後終於找了一份保全的工作，在社區大樓入口每天收一大堆信件包裹打一大堆招呼。因為是菜鳥不好意思太囂張就答應排了除夕夜的班。他甚至覺得自己心甘情願。總要有人做呀，而且還有紅包可以拿。那年姐姐帶法國廚師男友回家過年，媽媽開心說今年除夕不吃火鍋吃紅酒燉牛肉和義大利麵。他說哪有這樣的成何體統不過記得留一碗給我呀。深夜警衛室太冷只好在懷裡偷捧熱水袋。一個時常喝醉的住戶帶來兩根燙人的水煮玉米、紅豆湯與米酒頭要跟他分享。酒當然是不能喝的，但他好感謝他。一周後酒鬼醉死了，他傷心辭掉工作，跑出國去打工度假。

而去年，他遠在墨爾本。華人朋友邀他到家裡吃年夜飯，沒想到是個同志派對，炎熱夏天在後院好多人半裸著吃烤肉喝啤酒跳舞泡水池，才華洋溢的他們還包了奇形怪狀的餃子，令人激賞的陽具造型煮到最後脹得太大爆掉了，眾人一陣惋惜。那晚每個人都醉了，有人親他，他搖搖頭，餵那個人一個冷掉的餃子。

接下來要專心，就不回憶了。不沾鍋上用紙巾擦上薄薄的油，中型鐵調羹的分量最剛好，一匙蛋液下鍋，在微火上熨成蛋皮，再用筷子夾一撮餡進來，溫柔掀起包覆，下一點蛋汁縫合。

蛋餃煎得噴香，媽媽進廚房說要吃，他瞪她一眼說裡面還是半生的啦要下火鍋煮才行。

原載於《中國時報》，二〇一六年二月二十一日

認真請客

詹宏志

生於 1956 年，南投人，台大經濟系畢業。現職 PChome Online 網路家庭董事長。電腦家庭出版集團與城邦出版集團的創辦人。擁有超過四十年的媒體經驗，曾任職於《聯合報》、《中國時報》、遠流出版公司、滾石唱片、中華電視台、《商業週刊》等媒體，曾策劃編集超過千本書刊。並創辦了《電腦家庭》、《數位時代》等四十多種雜誌。著有《趨勢索隱》、《城市觀察》、《創意人》、《城市人》、《人生一瞬》、《綠光往事》、《旅行與讀書》。

《國宴與家宴》一書的起頭來自於作者王宣一發表在中國時報〈人間副刊〉的一篇同名文章，文長約二萬五千字，從報紙副刊的標準看，算是很長的文章了，所以必須分好幾天連載。

作者的原意本來是寫一篇懷念母親的文字，但文章在報紙上還沒有刊完，宣一卻意外地開始接到一連串的電話，這些電話改變了作者原本自己的人生計劃，也改變了她在人們心目中的定位與印象。

電話的內容其實各不相同，有的是出版社打來的，問她要不要出版食譜書；也有的是讀者打來的，要問某道菜的詳細做法；更有的是熟朋友打來的，那是來討食的，說某道菜你已經好久沒有做了；或者是來算帳的，說為什麼某道菜你從來沒請我吃過；當然還有更令她意外的電話，有的是大飯店打電話來要她去擔任美食顧問，有的是電台和電視的美食節目想邀請她上節目，餐飲競賽也邀請她去做評審，而幾個知名雜誌則邀請她去寫美食專欄……

這些電話多半讓宣一感到困惑而且困擾，她是辭去新聞工作後才起步很晚地開始文學創作，曾經是五本小說集（長篇或短篇）的作者，也得過一些文學獎，但寫〈國宴與家宴〉時她已經停止了小說創作有一段時間，大概是對文學生涯感到灰心失望，對文學圈子裡的虛矯與相輕也有一種格格不入的疏離感。而這篇文章完成的時候，她的母親也已經過世多年了，在一次兄弟姊妹與親人的聚會當中，她突然想起她那位豁達獨立卻又從容大器的母親，懷念起從前環繞著母親的那些日子以及已然消逝的某種生活氛圍，她提筆紀錄了那個時代與那樣的生活；正因為母親是一位持家的家庭主婦，這些紀錄乃就圍繞著平凡生活的廚房與宴客。本來想寫時代與生活，無意間竟同時紀錄了廚房裡的飲食風景，連帶觸動了許多同樣緬懷昔日生活景觀與飲食滋味的讀者，但這並不是作者的自我認知或創作原意，所以她才對這些電話感到意外。

一開始她大概是委婉推拒了所有這些的「美麗誤會」，有一次她甚至不無抱怨地跟我苦笑說：「怎麼（在別人眼中）就變成了一個煮飯的呢？」但這些邀約鍥而不捨，有些還是來自於她頗敬重的編輯與朋友，這就慢慢改變了她的心意；而對於飲食生活及其文化，她也頗有自己的想法與做法，因此她先接受了部分邀請，寫了一些其他的飲食回憶，有的是關於童年往事的美食風景，有的則是討論江浙菜的幽微特色與文化傳承，這些文章集合起來，就成了《國宴與家宴》這本書。

出書時，應編輯的建議與要求，她也寫下了十一道菜的食譜（後來她在簡體字版裡拿掉一道和江浙菜無關的食譜，剩下了十道），透露她親身實踐的一面，或者可以視為她對做為一個「煮飯的」身份的新認同。書在二〇〇三年出版了台灣版，二〇〇五年出版了大陸的簡體字版，兩岸都有一些喜歡她的讀者。她也漸漸有種領悟，注意到自己的獨特天份與出身機運，這才慢慢對飲食文化與做菜實踐都積極起來。

宣一的母親許閒龢女士（1914-1995）出生於杭州，杭州許家是來自浙江海寧的一個名門世家，歷史悠久，名人輩出，與金庸（查良鏞）的查家及徐志摩的徐家，也都有世交或姻親的關係。出自望族的宣一母親，儘管來到台灣時家道已經遠不如前，但她對飲宴酬酢的講究與體會仍然維持一種細膩雅緻與大方氣派的特質。她主中饋的家庭仍然有大大小小的宴會飯局，這些宴會有時候是「大人之宴」，那是父親在工作上與賓客的正式應酬，菜色有時也不乏海派的高貴材料，小孩子就戲稱那是「國宴」；而更多的飯局是親友與小孩的歡聚，氣氛上也輕鬆隨意許多，小孩子也就稱之為「家宴」。不管是國宴或家宴，宣一母親也總是全力以赴，總有各種美食佳餚源源不絕上桌，總要讓大人小孩都感到高興開心。

也許正所謂「吃要三代」，出身世家的宣一母親對菜餚味道的敏感與手藝的精巧，在同輩家庭中顯然是特別出色的，而從小跟隨著母親在廚房裏動手幫忙的女兒們也自然地繼承了味覺與手藝。有母親不經意傳承下來的飲食傳統，王宣一年輕時就是朋友當中的大廚師與「請客者」，她好像是隨時可以整治一整桌菜餚宴請朋友的人，而且菜色豐富，除了簡單的家常菜餚之外，餐桌上也常有幾道大方氣派的大菜。但就像她母親的做菜一樣，這些手藝並非刻意學來，那是家庭生活裡的自然浸染，生活中每日吃飯，家庭主婦每日做菜，做的菜無非就是她的出身來歷，以及她自己後來的生活體會與創造的巧思。

年輕的時候，我們剛組成新家庭，宣一和我兩人都在報社工作，我的工作更是那種必須跟各種作家或創作者打交道的藝文編輯；我的好客和活動力帶給家中川流不息的朋友與賓客，宣一常常是那位要張羅眾人吃食的宴會女主人。不管朋友出現的時間是多麼的不合宜，她在冰箱翻一翻，總能看似不費力氣地端出讓大家滿意的正餐、點心或宵夜。我有一次寫文章提到這樣的經驗：

「記得九〇年代初楊德昌在拍《牯嶺街少年殺人事件》的時候，常常收工後跑來找我，心情好就來說他的發現與體悟，心情不好就來跟我罵甲批乙，但大多是半夜時光。我一面打著哈欠爬起來開門，宣一也跟著起來問楊德昌和同來的人吃飯沒有，楊德昌永遠露出無辜的眼神說還沒，宣一就留下我們去廚房張羅，總能有一碗香噴噴的湯麵加上幾個小菜，或者竟煮一鍋稀飯配上一桌子菜來。如果不是吃飯時間，她也會端出各式各樣的水果或零食、點心來，不會讓我們有沒事做的時候。」

我們本來把宣一的做菜本事視為理所當然，那不過是身邊能幹女性的一個例子，等到《國宴與家宴》刊登出來，我們才意會到這是一個文化傳承。她，王宣一，和她的母親許聞龢，同屬於這個「認真請客」的傳統。

如果容許我對這個文化傳統強做解人，用我三腳貓的社會學與人類學知識附會一番，我會說，「宴客」本來就有「所得重分配」的社群精神，those who have 有義務要請 those who have not，經濟上「過得去」的人有義務要請經濟上較艱難的親友，而這宴客的「義務」固然可以只是個「居高臨下」的救濟形式，但也可以有「認真對待」的誠懇與殷勤。當然，宴客並不是單向的，它也是雙向「禮尚往來」的；你的努力真誠帶來另一個真誠努力的「回報」，平日我們相互請客，連絡感情，危難時刻這就變成一個相互接濟的「社會安全體系」了。

「認真請客」要向賓客與朋友傳遞一個訊息，我真心真情，盡我所有與所能，希望你得到一個美好的對待，回家也津津樂道，不會輕易忘懷。為了要「認真請客」，宴客者要跑三個菜市場，花費三、四天準備，每道菜餚都盡心盡力，從外觀到滋味都求其完善，又要宴客氣氛舒適融洽，賓主盡歡，幾年後大家提及那場宴會都還懷念不已。宴客的成功關鍵，並不是依賴有高貴食材、罕得佳釀（有當然也不妨事），而是主人奔走之熱忱與投注之心力。我們台語裡稱宴會之豐盛為「切抄」，有次一位前輩說這個詞應是「妻操」，因為豐盛宴席仰賴女主人的辛勞；但我總覺得「妻操」兩字太不雅馴，恐怕日本人保留下來的用語「馳走」才是正解。辦一個宴席跑三個菜市場採買，不是「馳走」是什麼呢？

《國宴與家宴》一書出版之後，作者王宣一的確走進生命中另一種階段，她一方面接受號召成為一個（她本來有點抗拒的）「美食作家」，開始在雜誌上撰寫「餐廳評論」的專欄，展開生涯的另一場冒險；另一方面，她也開始反省自己的宴客型態與做菜內容，細心考量宴客的本意與可能性，重新挑戰自己「認真請客」的能力與境界。

我有幸目睹作者人生這段時日的變化與心情，也許可以為她歸納一些特性與心得。

先說美食作者這部分吧。宣一先是接受了《中國時報》人間副刊的邀請，撰寫「三少四壯」專欄，寫的大部分是她的美食經驗與她對飲食文化的看法與意見；緊接著她又接受了《商業週刊》的邀請，兩週一次，寫她的「美食發現」，也就是街頭巷尾的「餐廳評論」。美食見解的副刊專欄讀後有同感或異見的讀者當然也有，但那是純粹的「心智交流」；寫「餐廳評論」就不同了，那是人人可以去吃、去驗證、去點頭按讚，甚至是提出完全相反經驗、一翻兩瞪眼的「對抗」。

我曾經在《印刻文學》紀念王宣一的專輯裡記錄她的工作態度與工作方式：

「寫實際正在營業的餐廳其實頗有風險，因為有些餐廳未必穩定，也有時會對寫作者『另眼相看』，使評論者吃到的和一般大眾並不相同，或者餐廳認得你，讓你有人情包袱，這些都是影響你公信力的種種陷阱。……宣一很小心，她顯然有些內心的原則，她儘量不讓餐廳（或其他食材店）認得她，總是默默來去；她也希望她介紹的餐廳有一定的穩定性，每次她篩選過後（不合格的當然就淘汰了），總要連續去個幾次，確定它每次的水準是接近的，她才肯寫它們。在她篩選期間，她會找各種朋友一起去吃，但到了確定穩定性的時候，常常工作就落到我頭上；有時候我必須一週內連續去一家餐廳三次，有些菜點的一樣，有些則點得不同，但每次她都想多試幾道，我們根本無法消化，最後打包回家，就成了我後來幾天的中午便當。她因而嘲笑自己是『吃飯工作者』，的確是不輕鬆，荷包與健康都要付出代價。但她喜歡支持那些認真做菜的小店，她覺得那才是大家日常生活依賴的食堂，大飯店偶而才去吃，好吃是應該的，並不值得特別推薦。……專欄一寫數年，最後成書兩本，分別是《小酌之家》和《行走的美味》，出書之前她請從前同事編輯朋友幫她核對資料，一家一家打電話，把住址、電話、營業時間都求證清楚，才編輯出版；出書後她又一家一家去送書，謝謝它們讓她有機會寫它們，店家多半這個時候才知道她就是那個專欄的作者……。」

可能是她求知態度的嚴謹認真以及她品味判斷的洞察平衡，她的「餐廳評論」為她帶來許多忠誠的追隨者與熱情的新朋友，工作雖然辛苦，她倒也感覺很值得；尤其是有幾家原來經營辛苦的無名餐廳、餅店或攤販，經過她的品題推薦，變成了熱門名店，大排長龍，而如果那些店家成名後仍然兢兢業業、不改初衷，她就很為這些熱真的飲食工作者感到高興……。

再說她自己的宴客實踐吧。當她重新記錄了母親從容大度的宴客氣派之後，她自己也反省了自己的態度與方法。一方面，她要重新追求母親宴客時的認真態度以及優雅儀態；另一方面，她也要思索怎樣給新時代的宴客一些新的元素和內容。

二〇〇五年以後，我離開出版業，生活起了變化，我的活動力和生活圈變小了，節奏變慢了，我自己也變得愛動手作菜，共同宴客變成了我們家庭裡的另種生活重心與樂趣。

宣一的請客變認真了，每一次親人或好友相聚，她都要全力以赴。宣一開始不只是作菜煮飯，而是考量宴客的表現細節。菜色除了她家傳的經典菜餚，她應該如何加入世界性的主題或混搭的樂趣。她也要想來客是誰，他們的興趣與經驗是如何，如果他們是日本人，或者他們是法國人，他們會怎麼理解她所準備的食材與菜色？他們當中是否有吃素或不吃牛肉的朋友；上菜順序該如何（特別是呼應他們的飲食習慣，如果他們來自遠方）？器皿擺盤該如何（為此她四處收集餐具，特別是各式各樣美不勝收的大餐盤）？搭配的酒款該如何（為此我們也收集各種酒款以及做各種搭配的實驗）？

為了認真請客，她也努力拓展自己的做菜範圍，她學習各國料理的技巧，學習一切從原料做起，儘量不用現成東西或半成品。從此之後，宴客變成一場一場的驚奇之旅，不只對客人，對我們做主人的，也是一種學習與摸索的旅程。細節多了當然有一種「馳走」的辛苦，可是收穫也多，每次請客都有「長知識」的快樂。我們常常討論下一次宴會可有什麼樣的主題，還有某道菜可以有什麼改進之處。這些真心對待朋友的請客，後來當然也得到真誠的回報，朋友在國外看到香料想到我們，看到餐盤廚具想到我們，偶獲稀珍食材或美酒也想到我們，這後來就變成「真情與美食的循環」了。

可惜這些「認真請客」的實踐還是時間太短，王宣一通過這十幾年和數百場的宴席摸索，一點一滴建立起她「又古又今」的宴客美學；她的請客有著古典的真誠馳走的情懷，又有著現代的美食視野與不斷伸展的地平線。只是她走的太快太早了，留下愚鈍的我一人，似乎是沒有辦法為她把知識體系給完整展開了……。

載於《中國時報》人間副刊，二〇一六年三月三日—三月四日
原收於《國宴與家宴》，二〇一六年，臺北：新經典

豆花

楊明

現任香港珠海學院中文系副教授，曾任職台灣傳媒界多年，著有：《路過的味道》、《酸甜江南》、《從今往后》、《夢著醒著》等小說散文集四十餘種。

經過荃灣海壩街，正是午後學生放學的時間，看見許多學生穿著藍白校服或坐或站，捧著一隻瓷碗津津有味地吃著。原來路邊是兩家賣豆花的小店，幾次經過，總是想著下次也要嘗嘗，卻從沒坐下來吃一碗豆花，也許是還有別的事等著做，時間有點趕；也許是天氣或冷或熱，沒想在外邊多逗留；又或者僅僅是並不真的想吃豆花。終於，有一天，經過時又看見許多人捧著碗吃豆花，決定要先吃一碗再走，是紫荊花開的時節，我覺得我會記住那十分鐘，吃豆花的十分鐘，那是我在香港吃的第一碗豆花，在我來到香港的第七個月，我告訴自己記住豆花的滋味，還有豆花吃盡時碗底出現的藍描花卉，靜靜躺在白瓷碗底，永遠綻放不凋謝。

荃灣另有一家有年代的餅鋪，有時經過我會順便買個點心，餅鋪的生意很好，常常才傍晚，品種就已經不齊全了。鮑魚酥、合桃酥、棋子餅、老婆餅、豆沙餅、椰塔、蛋塔、雞派、蛋黃酥、皮蛋酥、公仔餅、提子餅，總算嘗了個遍。我其實對甜食沒有偏好，所以其中只有雞派合我的口味，堅持吃完每個品項，有些品項還吃了許多家，例如雞派、蛋塔和老婆餅，主要是因為好奇，我想，這是我瞭解香港的途徑之一，雖然，只是途徑上一小塊磚，但，缺了這一塊，即使只是一小塊，就沒法知道錯過漏失了什麼。那天，在我吃下那碗豆花時，多少也有著這樣的心情，以前我是個遊客，也曾以觀光客的身分在香港糖水名店吃過木桶豆花，但那和住在這生活在這然後在街邊坐在板凳上吃一碗在地豆花，不論滋味上還是心情上都有所不同啊，生活與食物就是這樣交織出記憶，彼此影響，堆疊出不捨得忘記的故事。

小時候，住在台中，家附近有賣豆花的小販推著推車一路叫賣，他高聲以閩南語喊著：豆花，聽起來像是島輝，要買的人自己拿一個大碗或是小鍋，喊住他，他會將推車支好，顧客告訴他買多少錢，他便用一隻平杓鏟出白嫩的豆花，然後加入糖水薑汁和煮花生，那是我喜歡的點心，常常讓媽媽買給我吃。上小學不久，推車賣豆花的小販便沒再來了，年紀還小的我，不知道這其實是時代的改變，曾經或推車或騎車穿街走巷叫賣豆腐醬菜包子饅頭的小販，逐漸都改換了營生的方式，或是固定在某處擺攤，或是租下小店面做生意，維持最久的大約是到台北工作後，賃屋處附近晚上還有人推車賣臭豆腐。

賣豆花的小販不再來，我似乎也逐漸淡忘這點心，隨著我的成長，台灣經濟也快速成長，生活裡好吃好玩的愈來愈多。上了中學，開始和朋友一起外出，台中的豐仁冰三樣冰蜜豆冰是我們的最愛，豆花倒很少有人想起要吃。畢業旅行時，我們去了墾丁，回程經過台南，去了開元寺，在開元寺附近的一家小店裡吃起豆花，畢業旅行是在十一月，南台灣還是炎熱，那家豆花店的特別之處是口味特別多，以豆花做基底，客人可以選擇傳統的薑汁糖水花生，也可加紅豆、綠豆、粉圓、薏仁、麥角，冷熱皆可。我記得還有檸檬味，我選的就是檸檬味，酸酸甜甜，綠色的檸檬片靜靜躺在潔白的豆花上，光是看就有一種清涼的感覺。

開元寺旁邊的豆花讓我重新想起了這一道美味且健康的點心，但是回到台中，平日出沒處雖有賣豆花的店，卻沒人將檸檬與豆花搭配，我和一起旅行的同學說起，竟然也沒人記得，還有人說，豆花搭配檸檬不適合吧，酸酸的，還以為豆花壞掉了。我辯駁酸辣湯裡也有豆腐啊，沒人在意，畢竟聯考就要到了，而且還有那麼多種點心可以挑選，很快的大家更喜歡墨西哥麵包，裡面是香甜濃郁的奶酥。

豆花淡出我的生活，幾乎不曾想起，美國三一冰淇淋也出現街頭，醉爾思哈根達斯莫凡比紛紛開店，俄羅斯冰淇淋義大利果味雪酪滋味各具，還有草莓青蘋果哈密瓜芒果組成的季節限定版雙色霜淇淋，消費時代，消費者總是有無盡的選擇。

直到多年後，我去了成都，豆花的記憶重新出現在我的生活裡。一天午後在賃居小屋，突然聽到屋外有人喊桃花，其實還沒到桃花開的季節，但當時我並沒立刻想到這一層，只覺得這地方太有情趣了，有人沿街叫賣桃花。這並非我憑空想像，因為不久前才有人沿街叫賣臘梅，我趕忙跑出屋外找，卻看到賣的是豆花。成都人吃豆花是鹹味，醬料包含花椒辣椒蔥花麻油醬油和炸的酥脆的黃豆，正好我已經不愛甜食，熱辣的川味豆花更和我胃口。

成都人特別愛吃豆花，做出許多變化，我特別喜歡一種現做的豆花，點了後，服務生拿著一隻長嘴大壺來到桌邊，在茶杯裡像是倒茶一般倒進豆漿，客人靜待幾分鐘，淺綠色的豆漿就凝成豆花了。豆花在四川不僅是點心，也融入川菜，雞豆花是一道製作精細的功夫菜，在四川香積廚將素料制成有葷味的菜餚，稱為以素托葷；一般餐館，則反其道而行，將葷料製成素形，成為以葷托素。雞豆花就是葷托素的代表菜，清朝末年出版的《成都通覽》和《四季菜譜摘錄》均有記載。製作時用刀背將雞脯剁捶成肉茸，加入蛋清和調料，雞湯燒沸，將雞茸漿倒入攪勻，轉小火煨，待凝聚成豆花狀，撒上熟火腿末。訣竅在於湯、蛋清、水豆粉的比例，比例恰當才能做出形似豆花的雞茸，吃來質地滑嫩，當時川大附近的餐館便有這道菜，下了課常去吃。另有豆花魚，街頭更常見，做工不似雞豆花講究，只是將辣味的酸菜魚置於豆花之上，先吃魚，待魚吃完，魚汁酸菜和豆花融為一體，豆花便更鮮美。四川人愛吃河鮮，吃魚吃得極精，去成都前便知道譚魚頭，去了後才知魚頭火鍋根本是街頭巷尾處處可見的吃食，其他還有乾鍋魚酸菜魚農夫烤魚等許多花樣。

香港的豆花，搭配和台灣、四川又有不同，學校附近有一處小街，緊鄰兩家賣豆花的小店，店裡除豆花外還有缽缽糕，豆花分黑豆和黃豆，吃時可以單要豆花，或是搭配芝麻糊和核桃露，芝麻糊和核桃露本身有甜味，若只是豆花，是沒有甜味的，糖水薑汁或黃糖粉自行添加，可依人口味增減，糖水揉合薑汁包裹住豆花一匙滑進嘴裡，和黃糖粉在豆花上呈現半融化狀態，送進嘴裡完成融化過程，伴隨細嫩豆花一起滑下食道的感覺並不一樣，食客們喜好不同，自行搭配。小店在戶外擺著許多塑膠凳，下午時光總看到許多學生穿著制服或坐或站，一人捧著一碗豆花，有時經過不用排隊的空檔，我也會吃上一碗，溫熱的豆花，和薑汁糖水一起，童年時的記憶恍然再現，雖然吃法不同，少了花生。但是各地豆花滋味各具，中國人大概是最會吃黃豆製品的民族了。

坐在荃灣海壩街頭紅色塑膠凳上，捧著瓷碗吃豆花的我，在入口滑嫩香甜的味道裡，想起那個還沒念小學，在台中錦村東二巷二樓窗子後等待那一聲熟悉的吆喝：「島輝」的小女孩，我當然再也想不起當年第一次吃豆花時的滋味，但是我卻記得第一次在成都吃到的豆花，第一次在香港吃到的豆花，我逐漸明白，故鄉的味道有時是在異鄉想起的。小女孩大了些還在台南開元寺邊上吃了一碗檸檬豆花，台南那時於她已經是旅途，她不知道未來的旅途將更長、更遠，青康藏高原邊沿的旅途，南中國海邊沿的旅途，熱騰騰的豆花，曾經讓她想念家鄉，既相似又相異的味道，將跟隨她的歲月更長、更遠。

原載於《自由時報》，二〇一六年一月十日

家鄉味——爸爸教我的飲食事

田運良

佛光大學中國文學碩士，淡江大學中國文學所博士候選人。曾任《聯合文學》編輯、企劃經理、總經理；《印刻文學生活誌》總經理。現任外交部《光華》雜誌總編輯。曾獲臺北文學獎、府城文學獎、南瀛文學獎、臺南文學獎、玉山文學獎、大武山文學獎、乾坤詩獎、佛光文學獎、陸軍文藝金獅獎、國軍文藝金像獎、教育部文藝創作獎、全國優秀青年詩人獎、青溪文藝金環獎、中國文藝協會詩歌評論類獎章、創世紀詩雜誌四十週年紀念詩創作獎等獎項。著有詩集《個人城市——田運良詩札》、《為印象王國而寫的筆記》、《單人都市——田運良詩札》、《我書——田運良詩札》，散文書《有關愛情的種種美麗》、《值得山盟海誓》、《潛意識插頁》，書評集《密獵者人語》，口袋書《愛情經過》、《與情書》。

每逢春節，有一道應景的年菜爸爸是不准別人插手攪和的，無論揉糰、醒麵、擀皮、入餡等流程，他總要親自料理，他管那道年菜叫做「元寶」，其實就是再平常不過的水餃。

家鄉，對我來說，很像好幾集《大陸尋奇》節目上跋涉探訪、遊覽踏查的邊鄉僻壤，螢幕裡山嶺川湖撲朔迷離的那裡，遙遠而陌生。

之於家鄉，朦朦朧朧、模模糊糊，我的印象中毫無任何蛛絲馬跡可尋索以淺淺勾勒，只憑著爸爸斷斷續續敘說的大江大海以微微建構，更未曾追隨其返鄉的行旅回去老家看看而省親尋根；家鄉，這個被標記的某某省某某縣，現在只是懷念父親的另一處安頓荒心之祕密所在而已。

家鄉，遠在海峽對岸，那裡是個什麼莊、哪個村、有何風景、是啥模樣……，記憶中全無概念，連個基本雛形以片片拼湊、塊塊形塑都沒有，充其量那只是個藏在身分證背面、被冠上「籍貫」的地理鄉愁代名詞罷了。

秀出隨身攜帶的新式身分證，才猛然發覺正反面已都沒「籍貫」這欄，記得偶然填過的幾張表單，也沒問過我「籍貫」是哪裡，拉向遠遠的記憶深處，只記得是在台灣南部的鄉下度過童年的，再往前漫溯的血緣源頭，就都是空白的，「河南省封邱縣」，只是在床邊故事的幾則傳奇裡，聽過爸爸片段零碎地提及過但沒去過的地名，卻無可抹滅且真實地印烙在田家族譜上。

而印烙在田家族譜上的，跟著流離失所、輾轉來台、落戶生根的，還有好幾道值得一說其事、一嚐其情的家鄉味。

豆漿燒餅油條：早晨的想念

爸爸還健在的時候，早餐絕大多數時候都是他特別準備的、熱騰騰的豆漿燒餅油條。

爸爸每每起的早，天才剛亮、晨曦還未透出，後山蜿蜒的登山步道已健步巡過一大圈了，之後他都會繞道去兩條街外的豆漿店買早餐。豆漿店老闆是個老同鄉，一起逃難出來的，革命情感特深特濃。爸爸每天要點的餐，伙計們都知道而忙著準備，兩人趁閒順便聊個兩句，大家鄉音都濃重得很，霸在炸油條鍋旁邊，嘰哩呱啦地不知在談天論地些什麼，這短暫的他鄉遇故知，那可是爸爸每天最接近「家鄉」的寶貴時刻。

早餐包好了，就得再次「離鄉」告別，但返家路上爸爸總是春風滿面，彷彿剛剛才巡過胡同裡的早點鋪，踏在童年時光的記憶石階，愉悅卻難免驚惶。無糖豆漿、包套的燒餅油條拎回家，倒漿擺盤後一人一份地擱在桌上，然後叫我們起床，盯著我們乖乖吃完，催著大家抓緊時間上班上學，留下滿室的孤寂陪他老人家一整天。

其實他在家鄉早上吃的簡單，半片撒了少許芝麻的薄餅混著水囫圇下肚，就夠了、就很滿足了、就非常感恩了。豆漿燒餅油條的早餐慣習，純是圖個「歸鄉」的「小小聚會」罷了，我們真不懂事，總是不願一早就跟著返鄉，直是吵著麥當勞或美而美才是現代故鄉。

爸爸走後，老同鄉也收了豆漿店回大陸去了，一時之間，我連欲回味河南腔以延伸思父之情的機會都沒了，早餐也被孩子吵著而埋入漢堡薯條可樂裡，家鄉，真的離得越來越渺茫、越來越斷代了。但我總會帶上豆漿燒餅油條陪著，陪著孩子、陪著爸爸，以祭一頓早晨的想念。

牛雜麵疙瘩：痛的紀念儀式

家鄉一直都養著兩頭牛，是豢來犁田的有力幫手，春耕前的整畦翻土、秋收後的稼糧拉車，乃至移徙他鎮、登高行遠的負重運輸，都需靠牠們幫忙著勉力完成。爸爸自小就是放牧的牛仔，每天陪著餵著守著看著，共處了多年都煉出了濃厚感情而稱兄道弟，大人們更是時時告誡著：牠是我們一家人，要心懷感恩、不准吃牛肉！

這是一道聖旨。

爸爸早年隨學校來台，後來進入部隊並駐紮在北縣瑞芳山區的運輸營，伙食裡只要有牛肉的，他都敬謝不敏。然而當年物資缺乏，可以吃到牛肉以補充營養與體力是相當難得的，爸爸敵不過老師長官勸著要入境隨俗的苦口婆心，雖仍謹遵聖旨不吃牛肉，只揀選著腸肝肺腎等內臟的牛雜入口配食，時日一久，牛雜也成最愛。

北方人嗜吃麵食，不過爸爸不喜歡長條狀的粗白麵，他總是親自從揉麵粉就開始手製自己酷愛的——麵疙瘩，麵糰在手裡捏著捏著、豫謠在嘴邊哼著哼著，有如迎風在家鄉曠野中牧牛般的爽朗暢意，好不快樂。而爸爸常將牛雜拌入麵疙瘩，偶爾也將牛雜麵疙瘩摻入熱湯裡，再鋪上酸菜蔥花，一整碗滿滿的實在、豐富、飽足，早已是餐桌上家常的主食了。

其實真正愛吃牛雜麵疙瘩的是我，因為麵疙瘩上印記有爸爸粗獷、滄桑、離亂的手痕指紋，麵疙瘩裡傳唱著家鄉亢遠、悠揚、通澈的迴響繞樑，我循著爸爸用心淑世的手藝，走一趟他新鋪的歸鄉路，沿途覓找著他刻意留下的家鄉記憶。悵然面對著整碗浮著蔥蒜、飄著肉香的家鄉味，是我想念爸爸的紀念儀式，每吃一口、就痛一次。

窩窩頭和蒜頭：保命護身

每每聞到蒜頭辛辣嗆味，我就不禁想起爸爸曾說過的那則倉皇離鄉、不堪回首的祕辛故事。

當年，好早好遠的當年，陪著千里逃難遷徙的簡單行李內，幾件換穿衣褲、一雙破鞋、寫家書用的紙筆、幾許散錢之外，還塞了硬邦邦的窩窩頭，以及一串沒剝皮的蒜頭。倉皇動身臨行前，都沒來得及奔回家和父母親道別，就草草將平常他們叨叨念念的幾句叮嚀繫綁在行李上，跟著學校師長們集體上了軍卡，六七十年沒再回去過了。而叨叨念念的幾句叮嚀正是：要記著，窩窩頭是保命的隨身糧；蒜頭是護身的保健藥，千萬別餓著、病著了。

這情景在我進陸官入伍時也曾在月台上演過。那天爸媽沒送我，我孤獨拉著行李箱兀自上了直往南台灣馳駛的專屬列車啟程，看著別人是全家大小淚眼相擁送別，其他人還有學校的學弟妹以樂隊花圈敲鑼打鼓榮耀歡送，我一人一路哭，哭到睡著，醒來則一直呆視窗外流景……，直至傍晚到了鳳山，整理部隊魚貫行軍至官校。這時，爸媽竟提早就候在車站出口，更陪著我走了好幾公里的路到學校門口，原來他們一早便兼程開車南下，給我驚喜給我祝福也給我力量，就差沒給我窩窩頭和蒜頭。

迄今的這趟人生行旅中，我從沒吃過、甚至沒看過窩窩頭，在料理裡也少用可解毒殺菌的蒜頭以提增味道，但卻時時惦記著綁在行李上、那叨叨念念的幾句叮嚀，它比家鄉味還濃沁催淚。

湯水餃：年的想像

每逢春節，有一道應景的年菜爸爸是不准別人插手攪和的，無論揉糰、醒麵、擀皮、入餡等流程，他總要親自料理，他管那道年菜叫做「元寶」，其實就是再平常不過的水餃。北方人過年，水餃是必備的吉祥菜，爸爸偏好將形狀捏成沒有皺褶的元寶，內餡則塞得鼓鼓脹脹的，取其喜氣形義：招財進寶、福至圓滿。

這群元寶水餃包好了、下水煮熟後，紛紛躍入湯裡，湯有時是糊糊稠稠的大滷或酸辣、淡淡清清的雞汁或骨湯、濃濃濁濁的味噌或羅宋，水餃在湯裡浮浮沉沉而若似相喻人生起起伏伏，亦增其「省思過往、策勵來年」的年節蘊意。

每年除夕的年夜飯，跟家鄉的年夜飯一樣，全家必須團圓齊聚，他盯個每個人輪流說好話、吃元寶，這是一份長輩的衷心祈願，雖說是送舊迎新，卻是又老邁了一歲，看著爸爸一年一年老、小孩一歲一歲大，我可是越來越懼於觸景傷情而害怕過年呀。

迄今已有十二個的除夕年夜飯沒有湯水餃上桌了，餐桌上雖然仍備著一副碗筷、留了主位給爸爸，但椅子是空的、碗筷沒動過，更少了元寶象徵的祈福祝願，我們遺憾的不是湯水餃沒有招來財、進來寶，而是日復一日襲來、親恩無止盡的「年的想像」。

小米粥：小慰藉和小確幸

故鄉老家就臨著黃河邊上，河堤漫溢七次氾濫改道，每每摧毀前回才重建起來的家園與莊稼，望眼黃沙軟灘濁澤，哪能播種栽植農務呀，就算能收穫一點點米麥，都只能湊合糊口、基本飽暖過生活呀，何能奢求豐美富足。黃河年年水患，年年糧食歉收，鄉里幹事依憑每家戶人口數配發「糧票」，「糧票」本應領的是足供飽足的米麥，但每次爸爸領到的卻是帶殼粗麩、不能立馬煮食的小米穀粒。

一大把穀粒碾軋所獲的小米仁，少得可憐，只能熬煮稀粥，總食不飽肚。但當年能喝到小米粥，這已是佳餚珍饈了，無形中這也衍成他對小米粥的莫名迷戀，在這碗粥裡排遣心酸和寒傖，卻也聚在一起尋求生活上的小慰藉和小確幸。

猶記得屢次跟爸爸到西門町「一條龍」餐館，或愛國東路「盛園」北方小吃店吃飯，他都先點小米粥開胃，黃黃而浮著白米點點，雙手一捧不管稠糊熱燙就直送入口，看他心滿意足的樣子，我知道他正往久違的歸鄉路上奔去，追索那個鄉愁年年決堤的歲月……，不喚他，並再為爸爸追加一碗小米粥，添些糖、放著涼，等著他盡興遊畢、安心返家。

在那趟必須駛過漫長路途的人生行旅上，之於我，目的地其實是一份碗裡飄著、口中嚐著的尋常卻有特殊意義的味道記憶，因為只有這味道記憶曾折返回來通知我那裡所發生的、爸爸沒來得及說的種種家鄉事。爸爸十三歲就被迫棄親離鄉、獨赴遠方闖蕩，他年輕眼神的清澈裡，究竟到底望見什麼樣的戰亂世界，他密佈隱語的青春中，究竟是如何勇敢挺拔向未來打光而尋索去向，我相信那是大時代裡無可逃避的彷徨無措的、左右無助的。就如我對家鄉味的陌路，我們都在口腹之慾上，巍巍顫顫地學習著、世襲著上一代的滄桑。

是年春初，我有幸經歷一場大病，癌痛狠狠直搗鼻腔、蝕骨侵肉危及腦部，經手術切除及數十回、兩階段的電療化療後，幾度生命交關幸而都闖過來了，現正全勤無休、認命誠篤地潛心修習這門生死學。但自此味覺嗅覺全無，餐食餚饌端上桌、送入口的，都已嚐不出家鄉味裡的淚意與笑聲了，恍然間，我彷如失根般地囫圇踏上離亂之途，迷路的茫茫然上，也才真正聽見爸爸當年離鄉背井時、沿途坎坷的哽咽呀。

於此，身體的痛楚摧剝還可抵禦療癒，思念家鄉味的心饞，則再也沒有酸甜苦辣鹹的幾許糾結了。

爸爸早已在途中先下車離席，訣別了那個輝煌的年代，如果他還在世，今年的九十壽宴上，勢必將這些家鄉味全部上桌，請您帶我們一同返鄉回味。但現在，我只能將爸爸的哽咽留在錄音機裡存著，他知道我無論如何穿越天涯海角，都會勇敢地歸鄉，或許到了那裡，會發現藏在哽咽之中的，其實是他始終惦念的那句「帶我回老家」。

原載於《中國時報》人間副刊，二〇一六年一月十一日—一月十二日

農漁牧

2016 飲食文選

市場邊的賣菜大姐們，觀音山前眾生品

江鵝

1975年生於台南。輔仁大學德文系畢業。曾經是上班族，現在是貓飼主、淡水居民、自由譯者、專欄作家，著有《高跟鞋與蘑菇頭》與《俗女養成記》。臉書粉絲頁：「可對人言的二三事」

我對淡水竹圍菜市場裡的賣菜大姐們忽然生出興趣，不是正規菜攤上的那種老闆娘，而是以寄生形態依附著市場的迷你業餘小菜販，專賣一些自家菜園種的粗生果菜，多數長得彎彎曲曲，和我老家院子裡的一樣。很難決定這些人到底要叫阿桑還是大姐，說實話，我第一反應是想叫阿桑，但日子要是只問真實不求矯情的話還能過嗎？人家見我都能慈慈藹藹叫妹妹，我沒什麼不能叫大姐的。

本來我買菜一向講求快狠準，不太留意這些大姐，太陽曬得那麼狠，黑斑冒得那麼快，我的青春美貌如果還有殘留，總是希望額度可以用在風景比較開揚優美的地方。為了儘量一次買足一週份量的根莖蔬果，我的眼裡只有萬菜具備的大型蔬果攤，手刀進手刀出，偶爾遇見店狗店貓會蹲下來聊兩句，隨即又安德烈依把依把[1]離開菜市場。

直到有一天，在臉書上看到朋友說她獨鍾這些大姐賣的菜，我的買菜智慧才終於晉級。像我這樣需要撐足一週的蔬果庫存，當然應該優先購入這些當日現採現賣的蔬果，爭取多一天兩天的鮮脆營養，要是幸運遇上帶根帶土的葉菜，更是可以肆無忌憚冰上三四天。自此我就像寶可夢過了二十級，開了天眼，終於看得見這些可貴的流動賣菜大姐們。

市場裡的大姐們有些以單數型態出現，有些是複數，越早上市場，遇到的越多。全聯與土地公廟夾著的那條小巷裡，有幾個我特別喜歡光顧，當然也私下取了名，方便我暗中發展單方面的情意。土地公廟的入口正前方有一個石花姐，穿著黑色塑膠拖鞋蹲坐在小凳上，連攤都沒有，只在地上隨便鋪著零星的幾把空心菜、地瓜葉、南瓜之類，很能說話。走進她的業務範圍內，就像站在感應過度靈敏的超商大門，會不斷聽見語音重複播放：「這個我們種來自己吃的，都沒有農藥，不用洗很久，這很好的菜，都沒有農藥，不用洗很久，你不用洗很久，啊要不要吃石花凍？絲瓜要不要？這個南瓜要不要？」石花凍是她的固定商品，有甜的，啊也有不甜的啦，我已經記得她的銷售台詞與話術，每一次她都要眨著靴貓眼再三確認，我是真的不買

編註

1 《旅飯》網站編輯註「安德烈依把依把」引用連結出自：https://goo.gl/Rplzp4。華納兄弟公司一九五五年創造的卡通人物墨西哥飛毛腿老鼠，「依把依把」是奔跑時發出的叫聲。

我沒買的項目，我也只好每一次都拿出真感情來道歉，說我真的不吃石花凍。以拒絕做為轉身前的最後一句話，一直是我覺得相當嚴重的人際斷裂，有幸在菜市場遇見她，讓我可以無痛進行減敏練習。

石花姐身旁幾步路就是琥珀姐的菜攤，我非得過去看看有沒有得秋葵茄子好買。大姐們的商品種類非常重複，主要是適合業餘菜園種植的蔬果也就那幾款，空心菜地瓜葉容易吃膩，能買到一點顏色不同或口感滑溜的菜，心裡往往能添一分營養學的僥倖感。琥珀姐屬於複數的大姐菜攤，她的名字由來就是因為身邊經常有個珍珠姐，讀過觀世音菩薩普門品的人都知道，珍珠隔壁就是琥珀。

珍珠姐永遠戴著白閃閃的珍珠項鍊，有時候戴著口罩，有時候戴帽子，每次都坐在琥珀姐後面自顧自說著各種閒話，菜攤生意顯然不關她的事。本來吸引我目光的人是她，但前幾個禮拜我在攤上買長豆的時候，聽見珍珠問琥珀晚點要不要一起去吃午餐，琥珀說她帶了便當，站我身邊的師奶顧客順口讚她「有夠儉」，琥珀居然接了句「夭鬼兼雜唸」，我一聽覺得她才是冷面哏王，說起話來生動鮮明還押韻，立刻要求她復述一次我好記住。在場幾個大姐眼看有後生求教台語，五口十舌解釋起來，我因為起了頭也不好意思不搭上去，頓時攤內攤外活力四射祥瑞萬狀，硨磲瑪瑙珊瑚琥珀真珠等寶全湊齊了。故事性強大，就是複數的威力。

整個竹圍市場裡面，劇情最感動我的複數，是屈臣氏對面的竹筍姐與竹筍兄。有筍的季節他們就賣筍，其它的項目則是隨菜園供貨而定的不可預期，我買過常見的粗梗空心菜，也遇到過罕見的金針花，拿來用薑絲麻油炒雞蛋很下飯。攤子基本上由竹筍姐主持，她周身散發著沙場主帥的氣勢，每一次我問竹筍苦不苦，她都會以沙啞的聲線外加丹田之力提出保證：「不會苦！你來跟我買東西，我怎麼會給你吃苦！」「這包啦！馬偕的護士叫我留給她又不來拿！這包兩百給你啦，好不好？啊這個九層塔早上採的，隨便賣啦！」我十次有八次會要，沒什麼特別原因的話，儘量不想忤逆她，這世上難得有人承諾不讓我吃苦，不求得遇必須好好珍惜。當然，也不排除是因為她的攤位就在車輛川流的馬路邊，我退一步就是粉身碎骨，所以潛意識帶領著我向她靠攏，或者叫我快點買斷離場以求長生。

竹筍兄坐在旁邊扮演人體收銀機的角色。竹筍姐被問到「這樣總共多少？」的時候，會一邊試圖以口語計數，一邊欸，欸，欸，看向旁邊的竹筍兄，她也不是沒有看向我過，但很快就知道不濟事。竹筍兄在主帥身邊看起來溫溫弱弱，但是算起菜錢來穩若諸葛，夫妻二人四手找好零錢收妥鈔票，他再拿起腳邊一大片瓦楞紙，上面是整列大小接近18級20級的手寫數字，把剛才的交易金額接續著寫上去，進行一個師爺記帳的動作。看著那串歪斜的手寫數字，我常常希望他們待會捨得買塊好肉回家吃。

巡遍大姐們以後，我才肯回到正規菜攤上去，買些專業菜農供應的香菇玉米高麗菜，補滿冰箱的剩餘空位。正眼看過她們指縫裡的泥土，和成交時的業餘式欣喜以後，我很難不心軟，即使明知道其中有些很可能是兒孫氣急敗壞反對她們出門勞動的高齡大姐，我還是想要在烈日下尋找她們，買回她們帶著期待種下的青菜，遞出在她們眼中上才附著特別多滿足的五十或一百，聽兩句邏輯可疑卻入耳入心的菜市發言，逢場姐妹各自開心。這大概是我近來體驗到，最為買賣互益的市場供需實例。

原載於《旅飯》，二〇一六年十月十七日

果菜市場的武林高手

蘇之涵

台北人，在繁華市中心的傳統市場長大，菜市場的生鮮家禽、濕滑魚腥是熟悉的氣味。在荷蘭萊頓大學拿到國際關係與外交碩士學位，關心城鄉與環境議題，而投入農村發展。曾任職中華民國社區營造學會（2010-2013），參與莫拉克災後重建的社區培力；後參與由浩然基金會與台灣農村陣線推動的「小農復耕」計畫（2013-2016），因而對農業糧食的生產現況有更多理解，開始反思產銷結構和消費者的責任。文字作品多發表於《聯合報》「青春名人堂」專欄（2015.9-2017.2）。

身上有許多跨文化的混搭特質，嘗試在不同人群間開展對話、轉譯認同，期待彼此能相互理解，搭建連結與支持。

凌晨四點的台北，萬大路與環河南路的街角轉進去的第一果菜批發市場，一陣鬧哄哄的人聲迎面而來，人與電動車穿梭在通道間，前後還得隨時留意障礙物，一落落堆疊比人高的菜籃紙箱，分秒必爭的節奏和吆喝聲在天地間來回震盪，生猛有力。

批發市場的熱鬧，從午夜十二點半起跑，工作人員陸續抵達，開始整理、檢視今天的產品，這時一部分購買人也開始進場，趕在三點半前看好貨色，擬定今天的選購清單與底價。

三點半一到，整座市場五十一個拍賣區同時啟動，工作人員、買家、駕駛電動車運送蔬果的人，再加上少數散客和觀光客，第一批發市場每天都有五、六千人次的進出。早晨八點，環河快速道路的上班車潮開始湧現之際，果菜交易已接近尾聲，會有另一群人在這時湧進，殺價撿便宜。

第一果菜批發市場每天供應大台北地區七成的蔬果量，以一月中我們到訪的周二為例，蔬菜進口量有1350噸、水果450噸，因為隔著週一休市，週二的市況通常還不錯。龐大的交易運作裡，拍賣員絕對是關鍵人物。第一批發市場八十位拍賣員的平均年齡約四十歲，絕大多數是男性。為什麼？三十年老經驗的王鴻雄主任說，在錙銖必較、時間寶貴又被購買人層層包圍的「武場」裡，日夜顛倒的作息、喊叫音量、氣勢、眼明手快，還有買賣關係的微妙拿捏，種種原因讓男性拍賣員至今仍居多數。

清晨的拍賣完成後，拍賣員會向產地回報當日價格與市況。蔬果的運銷，從產地進到拍賣市場，中間層層連結著綿密的人情世故，影響產品最終價格的，絕對不只有栽種技術和產品質量，產地的環境、行口或合作社的參與、運送技巧、消費者心理……參數過多，恐怕連最優秀的經濟學家都無法寫出一套公式，而必須仰賴老練拍賣員的江湖功夫。

一個拍賣員的養成，以師父級的王主任為例，從三年理貨員開始深蹲，接著跟師父見習拍賣，進入專業訓練課程一到兩年後，如遇缺額才能參加考試。但即使取得證照，真正站上拍賣台，才是考驗的開始。因為要賣完、賣好，不是價格就可以解決的事，除了技術和經驗，拍賣員還得與產地、買家保持緊密互動，在穩定信任基礎下，摸著良心，進行公正、公平、公開的拍賣。

試想冬天葉菜盛產之際，每天進口近萬件高麗菜，上千萬的資金流動關乎無數生產者與消費者，拍賣員得在交易前下判斷擬定策略，在喊價節奏間得抓住拍賣主導，拿捏喊價與出售的平衡。王主任說，這是種氣氛的拿捏，要維持恰到好處的熱度，既不能冷場又不能太失控，不能讓價格太離譜，還要讓各方滿意。每一日，拍賣員們都抓著一支無形槓桿，納入所有參數選項，在激烈、多方成本與利潤算計匯流之後的供需間，精細微調。他們知道，第一果菜市場的交易價格，因其規模和制度的公開完整，同時帶動著台灣農產的價格與風向。

吃年夜飯時，除了感謝許多服務人員的待命，看著桌上滿滿的菜，別忘了果菜批發市場還有一群武林高手，在江湖一方默默地為大家維持口腹秩序。

原載於《聯合報》青春名人堂，二〇一六年二月六日

虱目魚的歷史、文化與出路

曹銘宗

東海大學歷史系畢業，美國北德州大學新聞碩士。曾任聯合報文化記者及主編、東海大學中文系兼任講師、中興大學駐校作家。現任臺灣文史作家、講師，《聯合新聞網》讀書人專欄作家，兼任英語、華語導遊。曾獲三屆吳舜文新聞獎文化專題報導獎，出版《蚵仔煎的身世：台灣食物名小考》、《台灣史新聞》、《大灣大員福爾摩沙》、《自學典範：台灣史研究先驅曹永和》等三十餘種台灣歷史、文化、民俗、語言、人物著作。

報載因台灣新政府不承認九二共識，中國大陸水產商終止與台南學甲虱目魚契作，養殖業者將在九月前往北京爭取恢復。然而，台灣虱目魚無法打進對岸市場，到底是政治因素？行銷問題？或者涉及飲食文化？應該釐清。

所謂終止契作，精確的說法應該是：二〇一一年國台辦副主任鄭立中促成兩岸展開五年虱目魚契作，今年期滿不再續約。為什麼不再續約？或許與政治有關，但主要原因恐怕是對岸一般民眾無法接受冷凍進口、多刺又有土味的虱目魚，這不是改名「狀元魚」就能解決。

事實上，進一步搜尋新聞，自二〇一五年起，對岸承銷台南契作虱目魚的福建海魁水產集團，在收購後就全數留在台灣轉售。台灣雖有少量非契作虱目魚銷到對岸，但主要在台菜餐廳及台資超市販賣。

我們當然不怪對岸不愛虱目魚，因為台灣人才有吃虱目魚的傳統。虱目魚是台灣歷史最久、規模最大的養殖漁業，並已形成虱目魚的飲食文化。很多人吃虱目魚不怕刺，怕刺可吃魚肚，怕土味可吃海水養殖，作法可煎可蒸可煮，很多家庭、餐廳還有獨門料理，台南人吃虱目魚的鮮度以打撈後幾小時計算，台南安平還有「虱目魚主題館」。

有人問我，新政府推行南向政策，台灣虱日魚是否可以賣到東南亞？

哈！當然不可行，因為台灣養殖虱目魚最早從東南亞傳來，東南亞至今仍然盛行養殖虱目魚，一般民眾也常吃虱目魚。

虱目魚分布於太平洋、印度洋的熱帶、亞熱帶海域，在各地都有不同的名字。英語則稱之Milkfish，就是牛奶魚，怎麼說呢？有人說這是虱目魚魚體、魚肉的顏色；有人則說虱目魚富含蛋白質，烤熟時魚身會滲出蛋白有如牛奶。

虱目魚可以生長在海水、半鹹水、淡水，沒有牙齒，主要以海中的藻類、無脊椎動物為食，很適合在海岸建造魚池養殖。

根據聯合國糧農組織（UNFAO）的資料，以「半鹹水魚池」（印尼語 Tambak）來養殖虱目魚（印尼語 Bandeng），可能起源於十五世紀以前印尼爪哇島的東部，以及爪哇島東北方的馬都拉島（Madura）。此一資料是根據曾經殖民印尼的荷蘭人文獻記載，在一四〇〇年爪哇人的法律中，從 Tambak 偷魚的人會被處罰。

但根據菲律賓的資料，菲律賓人在十三世紀就開始養殖虱目魚，再散播到印尼，以及太平洋島嶼。菲律賓因虱目魚養殖非常興盛，食用人口眾多，所以把虱目魚定為國魚（National fish）。

在台灣，十七世紀荷蘭人殖民南台灣時，就記載當地有養魚的「塭仔」（oenj），清代文獻則記載台灣魚塭中生產的「虱目」或「麻虱目」。台語「虱目」（sat-bak）的語源，有很多說法，雖然都無法確認，我認為較有可能源自菲律賓語 Sabalo。

菲律賓的虱目魚一般也是養殖，菲律賓語稱之 Bangus，但如果是海中野生較大的虱目魚，則稱之 Sabalo，在市場上較少見，價格也較貴。Sabalo 是菲律賓的外來語，源自西班牙語。西班牙人在十六世紀中葉以後就殖民菲律賓，但西班牙語 Sabalo 指的是另一種魚，可能當年在菲律賓借用來稱海中野生的虱目魚。

今天，台灣的虱目魚雖然很難外銷，但我認為還可以再開發本土市場，如果能提升品質或許更有外銷市場的機會。

從多刺的問題來說，台灣仍有很多人因虱目魚多刺而不敢吃。或許我們可以到東南亞取經，例如：菲律賓市場的魚販可以把整條虱目魚的刺全部拔光，在 Youtube 鍵入「How to debone Bangus」搜尋，就可找到示範影片。印尼人則會用壓力鍋煮虱目魚，把魚刺燜軟到有如無刺。此外，他們還有曬乾、煙燻等不同烹飪方法，也可以參考。

日本料理師傅的刀法，例如處理多刺的海鰻，也值得學習。基本原理是：人的喉嚨大約有〇．五公分的空隙，如果能夠把虱目魚的每根刺都切短到〇．二公分，這樣吃的時候就不會被魚刺鯁到。

所以就要看刀功了。一條虱目魚，把頭、尾和中骨去掉，成了兩大片的魚肉。再來，把魚肉鋪好，魚皮在下，用很薄的鋼刀一刀一刀的橫切，每刀的間隔大約〇．二公分。每一刀切下去，「停刀」必須恰到好處，一定要把貼在皮邊的刺都切斷，卻又不能切到皮。

然後，切好的魚肉就可以下鍋煎了。魚肉一遇熱，就會自動黏合，整片完好，看不出曾被切過的痕跡。

從養殖的品質來說，海水養殖可以去除虱日魚的土味，如果進一步採用有機養殖，將可以提升品質。虱目魚營養豐富，含有高蛋白質、必需胺基酸，以及 EPA、DHA 多元不飽和脂肪酸，如果加上無毒，將能吸引愈來愈多重視食安的人口。

從海洋的保育來說，在中央研究院「台灣魚類資料庫」的「海鮮指南」中，虱目魚是少數被「建議食用」的魚類之一。

「海鮮指南」教導民眾選擇食用符合生態保育、永續利用原則的海鮮，選擇的標準如下：食用植物性或非小魚的餌料、野生資源豐富、撈捕方式對環境影響較小、屬食物鏈底層（食物鏈高層魚類體內可能累積重金屬），分成「建議食用」、「想清楚」、「避免食用」三大類。

因此，從海洋生態保育來說，多吃養殖的虱目魚，讓其他海魚休養生息，這也是愛台灣的表現。

已有海洋生物學家悲觀認為，人類可能在本世紀中就面臨海中漁源枯竭。以此來看，養殖的虱目魚未來將在台灣的漁源上扮演更重要的角色。

原載於《聯合新聞網》讀書人專欄，二〇一六年九月二日

羊肉早燒

鄭培凱

山東人，1949 年隨父母赴台。台灣大學外文系畢業，於 1970 年負笈美國，獲耶魯大學歷史學博士。曾任教于紐約州立大學、耶魯大學、佩斯大學、台灣大學、新竹清華大學、香港城市大學。現為香港非物質文化遺產諮詢委員會主席。學術興趣環繞文化史、藝術思維及文化美學，文藝創作以現代詩及散文為主。著有《湯顯祖與晚明文化》、《在紐約看電影：電影與中國文化變遷》、《新英格蘭詩草》、《也許要落雨》、《從何説起》、《真理愈辯愈昏》、《樹倒猢猻散之後》、《游于藝：跨文化美食》、《吹笛到天明》、《流觴曲水的感懷》、《行腳八方》、《茶香與美味的記憶》、《迷死人的故事》、《雅言與俗語》、《品味的記憶》等三十餘種。

從來沒去過海鹽，只從小時候地理課本上知道，在杭州灣北側，地處錢塘江口，靠海，產鹽，因此叫海鹽。此地在中國近代出版界出過兩個名人，一是創辦商務印書館的張元濟，二是畫《三毛流浪記》的張樂平。我們和張樂平的四公子夫婦是摯交，多年來總聽他們説海鹽值得一遊，有一個清代的綺園，古木參天，亭台池館，是相當隱蔽的江南名園，絕對不輸蘇州園林。還可以觀賞張元濟紀念館與新建成的張樂平紀念館，以及城外風光絕佳的南北湖。更重要的，張公子強調，是可以品味海鹽土菜，同時到澉浦去吃羊肉早燒。

阿四與我有同好，就是好美食，而且是走到哪裡，一定尋訪佳肴至味，從裝潢逼近皇宮的米其林星級餐廳，一直吃到風沙飛揚的路邊攤。打破階級界限，只要好吃，眾生平等，絕不假冒斯文，從未裝腔作態。每次相聚，他都神采奕奕，細數新發現的美味，也許是哪裡的醬鴨好，也許是某處的燒餅酥，哪裡的醉蝦活蹦亂跳，某處的龍頭烤香酥脆嫩，或許是酒釀湯圓、鮮肉月餅、剛上市的菱角、新剝的雞頭肉，總之都是時令最好的享受。這次我趁著到上海舉辦《書寫斯文》書法個展開幕，抽出兩天時間，終於安排了海鹽之行，跟著他回到他的家鄉，當然要好好品嘗當地的至味。對於他說的羊肉早燒，我從未吃過，最是好奇。阿四說，他只知道是一大早吃羊肉，具體情況也不太清楚，到了海鹽，問問當地知味的文化領導，到底是吃些什麼？

到了海鹽，見到阿四的老友老楊，問起早燒是怎麼回事。老楊說，海鹽的澉浦地方濱海，當地人過去都是一大早討海維生，海上波濤風浪大，到了冬季更要跟寒風冷雨搏鬥，所以，大清早就吃大熱的羊肉，還要喝點燒酒抗寒，這才解纜放船，開始一天的營生。現在的海鹽以羽絨服裝業與螺絲帽製作為主要產業，地方上不再討海維生，但是一大早吃羊肉喝燒酒的習慣，卻延續了下來，成了當地人的最愛。吃早燒，一般是五、六點鐘，到八、九點就結束了。我們明天一早去試試，如何？

於是，第二天一大早，我們兩輛車，六、七個人就開到了澉浦。老楊帶路，穿過一個傳統菜市場，濕答答的魚蝦攤子圍在市場門口，得繞過去，然後經過一長溜蔬菜瓜果、豆製品、蛋類、醃菜攤子、剛宰殺的豬肉、禽類。好不容易繞到市場的後面，就看到一間煙熏火燎的羊肉鋪，門口大鐵鉤上掛著半隻羊，沒有店招，只在灰濛濛的牆上用紅漆寫著「金良羊肉店」，旁邊還有一行小字「請品嘗紅燒羊肉」。有一條逼仄的巷道入口，是為了隔開一批老式的土灶，倒有些消防意識。不過，灶頭上塞了兩根粗粗的木柴，有點擋路，通過時得小心。穿過巷道，進入後室，才發現是一戶傳統農舍改裝成的飯店，後頭有個院落，種了一架爬藤的豆瓜，擺了幾張八仙桌，很有點農家風味。

一會兒，先上羊血湯，一人一碗。湯頭很清澈，上面撒了一撮蒜苗，喝起來相當爽口，有點淡淡的羊羶味，卻毫不腥氣。再來就上了一盤白煮羊肝、一盤白煮羊頭肉，配一碟粗鹽，入口芳香，一點羶味都沒有。隨後上的就是遠近馳名的紅燒羊腩、紅燒羊肚，一大碗紅燒芋艿，以及最是膾炙人口的紅燒羊蹄骨了。阿四說，不是要喝燒酒嗎？於是到裡間一問，攜了一瓶土燒酒出來，我看到紅標上印著「雙蒸燒酒」，酒精度三十。每個人倒了二兩，配著羊肉，按照當地人的美味習俗，一大早吃羊肉、喝燒酒，真個是不亦樂乎。

點羊蹄骨的時候，阿四夫婦恨恨地說，牙齒不好，啃不動羊蹄，只好遺憾了。我們一吃，發現羊蹄已經爛糯如豆腐，根本不用啃，一吸就連皮帶筋，全化在嘴裡，趕緊告訴阿四，不必終身遺憾了。結果是每人抱著一根羊蹄骨，風捲殘雲，吃得轟轟烈烈，像赤壁鏖兵一樣。最後還有羊肉麵，我們都說，不行了，大家分吃兩碗吧，結果還是剩下不少，暴殄了天物。回城的路上，阿四說，沒想到家鄉的羊肉早燒如此美味，真應該多回家看看。

原載於《聯合報》副刊二〇一六年一月十三日

論述

法式甜點在台灣的秘密，比你想像的還要多[1]

朱宥勳

畢業於清華大學人文社會學系，以及清華大學台灣文學研究所。曾獲林榮三文學獎、全國學生文學獎、台積電青年文學獎。已出版個人小說集《誤遞》、《堊觀》，評論散文集《學校不敢教的小說》，長篇小說《暗影》，與黃崇凱共同主編《台灣七年級小說金典》。目前於「鳴人堂」、《蘋果日報》、商周網站、「想想」論壇等媒體開設專欄。

台式馬卡龍的名字

或許該從「台式馬卡龍」開始說起。這是許多台灣人的兒時記憶，上下兩層海綿蛋糕體夾著一層奶油霜，製作成食指與拇指尖互碰時大小的小圓餅。我小時候，它並不叫做「台式馬卡龍」，而是叫做「小西點」。在一九六〇年代到二〇〇〇年代，台灣大部份販售麵包、蛋糕、甜點的店家，都會被稱為「西點麵包店」，將它稱為「小西點」，彷彿有點言過其實，把它視作店鋪的代表商品。我唸碩士班的後期，短暫居住在花蓮，那裏有家三十年的西點麵包店「亞信」，就有一款「大西點」，結構與上述完全相同，只是做成了熱狗長度的牛舌狀。

近十年來，「小西點」得到了「台式馬卡龍」這個新名字。期間，台灣也開始了一波法式甜點熱潮，諸多名店建立起口碑，高級飯店的點心坊、百貨公司的甜點專櫃也開始推出象徵著精緻高雅、歐洲風情的法式甜點。各式法式甜點中，最為台灣人所知的就是「馬卡龍」（macaron），形狀、尺寸幾乎跟「小西點」一樣，中間的奶油霜夾餡也相同，上下層的「小圓餅」卻完全不同，是用糖、杏仁粉和蛋白打成的馬卡龍糊烘烤而成。相較之下，「馬卡龍」其實是「糖果」，「小西點」更近於「糕餅」，因兩者外形相似，帶著相同期待品嚐馬卡龍的台灣人，往往會抱怨它甜度過高，中年人以上的一輩，更少有人能接受這種口味。

作為某種「在地的代表」，小西點被推到前線，受封為「台式馬卡龍」，以和新近崛起的「馬卡龍」對抗。許多剛接觸法式甜點的台灣人，常以為小西點就是馬卡龍「比較好吃、比較便宜的在地版本」，他們很容易說：「我比較喜歡台式的馬卡龍。」潛台詞是：我還是比較習慣我們小時候吃的那種啦。

有趣的是，「小西點」或「台式馬卡龍」可能都不是它真正的名字，它另有並不廣為人知的名字，只會在較老牌的西點麵包店看到，叫「牛粒」，是從法文「biscuits à la cuillère」最後一個單字翻譯過來的。據說「cuillère」的日文發音，正好就近於台語「牛粒」的發音。

目前一般咸認「牛粒」是在一九六〇年代左右出現在台灣的。根據台南新裕珍餅舖老闆柯

編註

1 標題為《端傳媒》編輯所擬，原文標題為〈牛粒之島：台灣的「法式甜點」熱潮背後〉

炳章先生的說法，他在二十歲左右當學徒的時候，就已經學到這款甜點了。如果說法可信，這款甜點出現最早可推到一九五〇年代中期。如果「牛粒」真的是從「cuillère」日文發音轉化而來，可能在日本殖民時代就傳入台灣了。

弔詭的是，現在被視為「在地代表」的台式馬卡龍也是不折不扣的舶來品。「biscuits à la cuillère」就是法文「湯匙狀的餅乾」，就是現在的法式甜點店組裝在某些甜點上面的「手指餅乾」，從義大利傳到法國，原名「Savoiardi」，就是「提拉米蘇」中間那層很像蛋糕的東西。台北老牌的「福利麵包店」將這款甜點稱為「薩芙亞蒂」。

從「牛粒」、「小西點」到「台式馬卡龍」，這款輾轉傳入台灣、漸漸融入常民生活記憶的甜點，身世充滿了文化旅行、混雜、衝撞、在地化的歷史轉折，具體而微地象徵了台灣烘焙業的文化史。重要的不是哪個名字才正確，而是每一個詞及其挾帶的歷史脈絡，如何蘊積在這款小圓餅的夾餡當中。而這一串軌跡裏，我們可以看見它如何縱貫了台灣戰後兩個甜點烘焙的世代和體系：「西點麵包」與「法式甜點」。

西點麵包店體系：美國、小麥與科學化

若非我的太太陳書書是一名甜點師，我是不可能去理解小時候吃過的那種小西點背後，到底有什麼樣的文化曲折的。她是我的老師，也是我的「田野觀察」對象。

我們大致上可以把台灣的甜點烘焙業粗略分成兩大時期。第一個時期是一九六六年左右，

由官方的「麵食推廣委員會」和美國小麥協會合作成立的「烘焙技術訓練班」，訓練出來的師傅基本上就成為上述「西點麵包店」體系的主力。而第二個時期，則是二〇〇〇年代後，有一批甜點師直接從法國學習甜點烘焙技術，歸國開店後，在這十多年間創造了「法式甜點店」體系的流行。

「西點麵包店」體系和「法式甜點店」體系的並立，象徵的是台灣甜點烘焙業的兩個世代。它們有著完全不一樣的味覺體驗、美學風格和商品定位，其背後的歷史、文化脈絡也不同。

從這樣的歷史演變看來，陳書書正好是一個有趣的案例。在此刻籌備開設「日行甜點」之前，她已在四家不同的店鋪工作過，不管是法式甜點店、西點麵包店還是日系洋風的甜點店都有所經歷。她的父親本身也是一名西點麵包店的資深師傅。夾雜了諸種訓練體系，並且在興趣上比較偏向法式甜點店體系的陳書書，在製作甜點的觀念上和她的父親陳師傅格格不入，幾乎到了沒法共用廚房的地步。我曾親眼目睹他們父女的爭執，完全無法插上話。直到事後，她才告訴我：

「我爸堅持那個要加香精，客人才會喜歡……但現在誰還在吃那種香精啊。」

事實上，還是蠻多人要吃的，只是他們通常不會是陳書書的客人。這對父女之間的衝突，正是兩個世代、兩個體系，以及不同的客群想像和商業定位之間的衝突。陳師傅所受到的訓練，是屬於「西點麵包店」體系的，基本上是美國人強勢移植的產物，帶有濃濃的冷戰線索。

從一九六〇年代開始，由於美援、美國向日本與台灣傾銷小麥、以及尹仲容希望外銷價格較好的稻米等因素，台灣開始了一系列「麵食推廣」的運動。現在台灣人常吃的牛肉麵、包子、饅頭、水餃、燒餅、油條等麵點，都是在那個時候才真正大規模進入日常生活當中。而到了一九六七年，在台灣與美國合作下，陸續選派師傅赴美學習烘焙技術，回台設立了「烘焙技術訓練班」，開始針對台灣已經存在的「糕餅店」從業人員進行培訓，這才開始建立了「西點麵包店」的基本形制。

「烘焙技術訓練班」，後來改制成為「中華穀類食品工業研究所」（簡稱「穀研所」），繼續進行烘焙人才的培訓、相關資料的出版。陳書書在二〇一一年的暑假，也曾進入穀研所受訓。陳書書說，他們所使用的教材與一九七〇年代「烘焙技術訓練班」出版的那一系列《實用麵包製作技術》、《蛋糕與西點》等書籍相去不遠。那是當年選送美國受訓的師傅帶回來的配方與製作方法，在一九七〇年代，那可是令人驚豔的「科學化」製作方式。即使陳書書認為在穀研所學到的內容，跟市面上真正商品化的甜點已經有些距離了，但基本學理是非常紮實的：「我們每天的流程，就是早上講食材特性、原理，教你算配方，下午才進工廠實作。這個在傳統的學徒制裏面是不會這麼清晰的。」

根據劉志偉《台灣飲食革命：麵食文化與烘焙產業》記述，早期選送美國，奠定烘焙訓練班基礎的徐華強、徐貴林師傅，曾經語帶感嘆地提及受訓過程：在美國烘焙學院訓練的課程中，甚至有一天就是不製作任何具體糕點，只是給學員麵團和水，花一整天的時間去熟悉不同溫度和比例之下，麵團的物理性質。這是一九七〇年代，依靠「心法」來製作甜點的台灣師傅們難以想像的。

「這後來就成為了穀研所的傳統，」陳書書告訴我：「一直到我受訓的時候，我們也都會花上很長一段時間，去測試蛋糕裏面糖、奶油、蛋和麵粉的比例。每次控制一個變因，看看性質會有什麼變化。」

然而，陳書書也指出，穀研所雖然基本訓練紮實、對清潔的要求非常高，但若干觀念已與當代消費者的品味或飲食觀念有所差異。「他們使用的某些材料，是現在的法式甜點店絕對不會使用的，但在講義上、課程裡，他們加得毫無負擔。」陳書書說：「舉例來說，像是磅蛋糕好了，他們的配方是用比較好操作的白油和酥油——那是非常不健康的氫化植物油，風味也比較差——，然而正常來說，我們應該至少要使用一般的奶油。」在穀研所受訓的十週期間，她基本上沒有碰過真正的牛奶，都是以濃縮還原的「奶水」替代。這些都是在「法式甜點店」體系中不可想像的。

陳師傅和陳書書的父女衝突，根源就來自於「西點麵包店」體系遭遇了近十多年正在轉型引入台灣的「法式甜點店」體系。中間有文化上的差異、美學的差異，也突顯了兩者對「食物」的想像有何不同；什麼是「可吃的」，什麼又是「好吃的」？「西點麵包店」體系，基本可視為在地化的美式風格，融混了台灣已有糕餅店以及日本殖民時代的若干作法後的產物。穀研所成立的目的，就是為了「大眾推廣」以推動進口小麥的消耗，它訓練出來的師傅，其預設的客層是更為平民化的階級位置的。

法式甜點店體系：道地的與創作的

「像我們店裡，就不可能像你們這樣定價。」某一次陳書書通過網路販賣的甜點要出貨之前，陳師傅不無感慨地說。

這裡的「你們」，指的當然是「法式甜點店」體系。這是十多年前，由「小法國」、「十五區」等法式甜點名店，以及各飯店點心坊所帶起來的風潮。相較於「西點麵包店」體系，它們更中產階級式、甚至總和「貴婦下午茶」這樣的意象連結在一起。不同於穀研所的美國訓練，許多法式甜點店的甜點師直接前往法國，帶回更為華貴、精緻的歐洲技術和風格。他們往往在法國的「藍帶廚藝學校」、「Lenotre」、「Ferrandi」（以及部分赴日本的「東京製菓學校」）等校受訓，有的甚至在法國知名甜點店實習、工作，將更正宗的經典法式甜點帶回台灣。出身自藍帶的「15區」、「法米」，出身自Lenotre的「歐貝納」，以及最近引動風潮的Ferrandi幫，如「畬室」、「稻町森」、「某某」和「無二」，均在這樣的脈絡中。

這十多年來的發展，使得台灣人開始認識了「西點麵包」以外的另一種「法式甜點」風格，法國風格也幾乎成為台灣人心目中「高級的甜點」的源頭。（相較之下，台灣人就沒那麼熟悉歷史更加悠久的義大利甜點）陳書書的大學時期正好就是法式甜點的影響力在台灣逐漸上升的時期，開始有若干原文食譜進口，並且慢慢地有了譯本。她也曾經有赴法學習甜點技術的夢想，但未能成行。當時為了這個夢想，她上補習班學習法語，發現某些補習班不但教授法語，甚至還有代辦出國留學的業務，其中就包括了上述那三所甜點學校。更有甚者，補習班業者還開出了以「赴法念甜點學校」為主題的進階語言班，可見「法國」與「甜點」在台灣的連結有多深刻。

從美式到法式，台灣的甜點業只是從一個跨國貿易體系的下游轉移到另外一個。從大結構來看，台灣法式甜點的興起，也是法國以「甜點」為核心的貿易戰略擴張的一環。如同美國以「穀研所」為陣地，不斷在台灣生產美式體系的西點麵包師傅，並且透過他們的營運來傾銷小麥一樣，法式甜點的三大名校也成為一條貿易鏈的源頭：首先是甜點師過去進修，學習到各種「道地」的經典法式技術，待到學成歸國開業後，如果還想要維持一樣道地的風味，就得從法國進口品質較優良、穩定的貨品。從原料（奶油、果泥）、模具乃至機械，甜點師對法國貨品形成了依賴關係。陳書書見證了這條貿易鍊日益茁壯的過程：「剛開始做甜點的時候很不方便，什麼都買不到，我連要去哪家廠商叫都不知道。但現在像是香草莢、法式塔圈這些東西，都可以很容易在食品原料行看見。」

與此同時，台灣的整體飲食觀念也開始發生變化，越來越強調小農、有機、公平交易、在地生產的重要性，不管是對食品安全的重視，還是對生產過程中的倫理問題，都有了巨大的轉變。許多法式甜點師們帶著這些理念來製作甜點。比如陳書書提到她和父親陳師傅的觀念差異時，最常說的一句話就是：「我要吃／做的是真正的食物。」「真正」意味著對食材生產過程的掌握，以及減低對添加物、加工食品的依賴程度，都與穀研所的訓練背道而馳。從商業經營的角度，找到合適的小農和在地食材供應商，也有助於減低對法國廠商的依賴。

於是，近年台灣的「法式甜點店」隱約演化出了兩條路線。一條帶有濃厚的法式經典色彩，在技術上與食材上都力求貼近道地法式甜點，如台北的「雷斯里」、「15區」和台中的「CJSJ」。另外一條路線，則希望將法式甜點視為一種「創作形式」，製作者彷彿是在表達特定的想法，並且與某些符號連結。比如台北的「河床」用甜點表現「橡實」或「雲朵」等自然意象；新北的「稻町森」的甜點以「在雪上耍寶」、「小林村當國王」來命名，也有獨特的意義。陳書書經營的「日行甜點」也屬此類，是以台灣文學作家如邱妙津、鍾肇政、柯裕棻等人為概念創作的甜點。當然，分類只是比例上的問題，未必能夠一刀二分，只是各個店家的側重不同。這些定位、思路相異的甜點，除了顯示不同甜點師的思路與創意外，也一定程度上顯示了面對上述「貿易鍊」和「飲食觀念轉變」時，不同的應對方式。

像牛粒那樣的島

在這篇文章的最後，我想回到一開始討論了一整節的「牛粒」。

「牛粒」這款甜點具體而微地象徵了台灣的烘焙文化史，其混雜性和在地化的過程也鮮明地展現了台灣獨特的歷史脈絡。

然而，在爬梳了戰後台灣烘焙業的一段歷史之後，會發現其意義，或許比我們目前所以為的還要豐富。讓我們重新聚焦在時間表上：根據劉志偉（也就是穀研所的官方版本）的說法，台灣的西點麵包，基本是在一九六七年「烘焙技術訓練班」成立之後，才漸漸形成現在所見的規模。但同時，「牛粒」流行於台灣的時間，上界可以推到一九五〇年代中期至一九六〇年代早期之間，從「傳入」到「流行」，或許還可能更早。這或許顯示了一道「伏流」的存在：美式的體系和法式的體系之外，台灣本身的糕餅、麵包或點心店鋪，或許還有融混了日本體系的「本省傳統」。這道伏流或許沒有之後的兩大體系聲勢浩大，但作為受容兩大體系的「基底」，是否還留下了像「牛粒」一樣有趣的痕跡？背後的文化軌跡和文化史意義是什麼？它所蘊含的庶民或特定階級的記憶是什麼？

答案或許能幫助我們想像出自己的樣子。無論是甜點，還是島。

原載於《端傳媒》，二〇一六年四月二十八日

做菜是厲害的能力

米果

淡江大學保險系畢業。曾獲府城文學獎、林榮三文學獎、時報文學獎。文字工作者，專欄寫作者。

曾出版《一個人的粗茶淡飯》、《初老，然後呢？》、《台北捌玖零》、《朝顏時光》、《極地天堂》等小說與雜文共23冊。

在臉書看到余尚儒醫師[1]分享一個日本研究報告，提到煮飯燒菜可以預防「認知症」的發生，所謂認知症，也就是我們慣稱的「失智症」。

網站名為「認知症予防.net」[2]，分享一些任何人從現在開始都可以做得到的預防方法。其中有一篇文章提到愛知縣從二〇〇〇年開始，以A町2725名無須照護的高齡者為對象，進行追蹤調查，到了二〇〇五年，有2100人依然維持健康狀態，有230人則是因為出現認知症障礙需要陪伴照護。這當中又發現，擁有興趣嗜好的人，不易得到失智症的機率，是沒有興趣嗜好者的二・二倍；遇到事情會尋求對象商量的人，不易得到失智症的機率，是不尋求對象商量的人的二・二倍。至於會煮菜做料理的人，不易罹患失智症的機率，是「不會煮菜做料理」的人的三・三倍；「每天步行30分鐘」或「不抽煙」的人，遠離失智症的機率，是不走路不運動，或有抽煙習慣者的一．五倍。[3]

真沒想到，做菜竟然可以預防失智症。

做菜原本就是很複雜的身心勞動，從菜色挑選開始，就是一場作戰，不下於任何公司企業的行銷生產研發。除了大型宴席有大廚二廚之類的分工，需要事先擬定菜單，決定採購食材的細項之外，負擔家庭炊事的主婦也好、主夫也罷，哪個不是擁有短時間就要衝刺出一整桌菜色的本事。什麼食材，如何烹調，用什麼鍋，大火快炒或小火悶煮，配菜怎麼安排，用餐人數多少，數量如何拿捏，吃飯的人有什麼特殊要求，愛吃海鮮，或是愛吃紅肉白肉，什麼要清脆什麼要軟嫩，既要有經驗又要有瞬間下決定的能力，即使不是餐廳大廚，僅僅是負責張羅家人三餐的主婦主夫，從買菜開始，到備料烹煮擺盤上桌收碗洗盤，直到抹布擦拭最後一抹桌面殘漬，根本是整套戰鬥模式。席間只要有人嫌棄什麼不好吃，或僅僅皺一下眉，或什麼都沒說，只是嘴角「嘖」一短聲，對做菜的人來說，都是打擊，但打擊的挫敗感不能放任太久，下一餐來了，菜刀一下，鍋鏟拿來，又是戰役。

編註

1 原文附上余尚儒醫師連結 https://goo.gl/ecvxbV

2 原文附上「認知症予防.net」連結：https://goo.gl/j5gCSu

3 原文附上檔案連結 https://goo.gl/xWHHGn

說得一口好菜，跟實際做出一桌好菜，難易度差很多，所以做菜是很厲害的能力，也是很好的腦訓練，一旦腦的思考能力退化，大概也是從不想做菜的這方面開始消極吧！當然，做菜給自己吃，壓力小，再難吃也得吃下去，但做菜給別人吃，壓力大，萬一失敗，沒人捧場，除非狠心倒掉，否則一人吃雙份、三份，或更多。然而奇妙的是，自己做的菜再如何難吃，也是有辦法心平氣和吃完，別人做的菜如果不合胃口，要吃下去真的很掙扎。

傳統家庭多數由妻子做菜，以前專職主婦多，也無薪水，除了做菜，還有洗衣清掃種種家事，當然也有先生掌廚的例子，除了興趣之外，說不定嫌妻子煮的難吃，或疼老婆，愛情原本就容易退燒，可以均分家事，說不定才是婚姻幸福家庭和諧的關鍵要素。

小時候靠父母張羅三餐，小孩長大有機會離家讀書工作獨立生活，非得自己料理日常生活不可，要餵飽自己，除了外食，有機會也要學著煮點東西，不只是普通三餐，有興趣的話，還可以學習甜點冰品，切水果打果汁，參考食譜嘗試義大利麵或紅酒燴牛肉，對於抒解生活或工作壓力與挫折感，料理確實有其療癒的功效。

我自己是喜歡動鍋動灶的人，喜歡逛菜市場，喜歡自己料理三餐，偶爾挑戰食譜，或張羅一桌菜請客。最費心的還是備料跟收拾，但只要想到有辦法做菜餵飽自己是一種能力，就會覺得那是重要的人生練習。

料理需要企劃的功夫，還需要實戰的本領，譬如熱鍋之前要先想好爆香的蔥薑蒜切好沒？

水分瀝乾沒？否則這一灑下去濺出油花可就恐怖了。煎魚何時翻面才有辦法煎出漂亮的黃金恰赤，熬湯要如何用湯杓沿著水面撈出油泡，這可都是學問，一點都不簡單。

現在既然有研究顯示做菜也許可以預防失智症，那麼即使六十歲七十歲也不要認為有人伺候三餐才叫好命，就算從蛋花湯開始學起也還不嫌晚，畢竟，做菜真的是一場規格不小的腦部運動啊！

原載於《天下雜誌》獨立評論@天下，二〇一六年三月二十三日

台中人的早餐在哪

劉克襄

生態作家，晚近多行走港台各地郊野，善於以獨特而深入的觀點解說，導覽各地古村老鎮和地理風貌，曾出版生態旅遊指南等著作多部。晚近較具代表性作品為《四分之三的香港》、《裡台灣》和《虎地貓》。

一大早要出遠門，先搭公車到第二市場附近找吃的。我心忖，難得早上不在家裡用餐，或許該好好享受。

有此欲望，自然不會挑一家美而美、弘爺漢堡之類常見的速食早點，更不願坐進傳統燒餅豆漿或是蔥餅饅頭的店面。但在商業沒落的老台中，遇見早餐店委實不易。何況是要找一間，比較具有在地風味的。

繞了市場一圈，騎樓店面都未營業。我恍然驚覺，老台中似乎沒什麼外出食用的代表性早點。從睡醒的第一道餐飲，老台中好像難有鮮明特色。雖說不遠的周遭，或許有日棧、海盜等飯糰，又或者一、兩間豆漿燒餅店活絡著，但這些尋常小食，每座城市的巷弄都有，不足以成為顯著代表。

後來，腦海有浮升較具地方風味的麵線糊、筒仔米糕和芋頭米粉，只是這些食物都讓人先聯想到海線的清水、大甲等地，不盡是老台中。大麵羹或許勉強可列入，卻沒那麼早開店。豆花好像也侷限幾處，無法有普及性。著名的三明治則是前一天下午販售，不會現做擺出，飽含路邊小吃的暢快。

一時找不到店面，我差點走進便利商店囫圇吞，還好市場裡面尚有幾盞爌肉飯的燈火。昏黃亮光處，幾間傳統小吃日夜輪流營業。此時李海已打烊，換成山河起灶。我點了爌肉飯填飽肚腹，勉強視它為台中的代表性早點，一如彰化。

但一邊吃著，我仍是滿懷困惑，台中的早點文化為何如此貧弱，不及南部一些濱海城市。譬如屏東各鄉鎮皆有飯湯和碗粿、嘉義到處可見米苔目、雞肉飯。台南更不用說，鹼粥、虱目魚湯、土魠魚粥和牛肉湯等等，每一種小吃彷彿都能敍述諸多食材的典故和美學，什麼切工、火候和食材出處，好像也能侃侃論述一套小吃的淵源和周遭環境的關係。甚而以此名目，舉辦節慶活動，行之有年。

或許這得歸咎於台中人的生活習慣。過去的老台中，乃日治時期興建的行政大城，和式宿舍、官邸特別偏多，上班族和商家的早餐，習慣在家中食用，城裡又沒那麼多勞動階層，難以形成早上出門的外食習慣。一日之計，早餐無疑是很有趣的管窺之點，台南和台中正好是相反的對照。

老台中微妙地發展出，不流行外食的早餐文化。有生意頭腦的人，或許可嘗試，在台中經營家庭式的早餐店，詮釋一下台中人的生活了。但那是什麼樣的內涵，好像也不盡是醬菜型的稀飯早點，卻也說不上什麼。

有幾回在台中的講演裡，我試著拋出此一議題，老台中的代表性早餐為何？結果有人回應，「炒麵加上老牌的東泉辣椒醬，再搭配一碗豬血湯」年紀輕的則回答，「肉蛋吐司，絕無僅有」。

想不出任何名目小吃，以辣椒醬來襯托炒麵，又或舉報一新奇美食，我僅能回以苦笑。關於台中人的早餐，我還要再好好想想。

原載於《自由評論網》，二〇一六年三月七日

品味

基隆，小吃天堂

葉怡蘭

飲食生活作家。《Yilan 美食生活玩家》網站創辦人，開設「PEKOE食品雜貨鋪」，並於各藝文學苑開設各種飲食、旅遊、生活美學講座與課程。著有《家的模樣》、《旅人之窗》、《食．本味》、《好日好旅行》、《極致之味》、《享樂．旅館》、《尋味．紅茶》……等十五本書，多數亦在中國發行簡體版。專欄、文章與攝影作品散見臺灣、中國各大華文媒體。

近幾年，因私人因素，幾乎每兩週便得往還基隆一回。忙裡奔波，雖難免行色匆匆，然貪吃如我，卻還是盡量把握有限時間，至少短短在當地吃頓午餐再賦歸。——於是越來越驚訝發現，基隆的美食能量著實驚人！

首先注意到是食材產業的密集，為數眾多的菜市場為核心，各類食材鋪食材攤從場內一路擴張到周邊街巷，綿延交織如網；熱鬧區域幾乎三五步處處皆是攤商，陣容浩大堅強。而我最愛的小食店食攤則於此中交錯穿插，幽香陣陣，行步其間，顧盼盡是饞想。

雖說難免對伴隨而來、明顯缺乏整合與管理的雜亂無章街景略覺困惑嘆息，但仍被這無窮活力深深吸引。

且最驚異是食物品質之高、水準之整齊：由於無暇專程造訪名店名攤，大多是心血來潮隨機覓食，踩雷機率卻出乎意料之外地低；灶前看著聞著覺得對味，入內問坐點單，幾乎次次都是材料與手藝踏實誠樸、香氣滋味本真俱足的驚喜之遇。對自認出身小吃天堂台南的我而言，簡直歸鄉般熟稔親切安心。

然熟悉之外，卻也仍能覺出兩地個性風格上的差異：與台南沉著篤定的悠久古都氛圍不同，商務氣息濃厚的港都基隆，食物更率直粗獷，外食性格更明顯，血統上則更加混融四方：從粿仔湯米粉湯、鹹粥、米苔目、麵線羹、魚漿魚丸魷魚類羹湯、炒飯炒麵煮麵、水煮豬腳、扁食、湯圓甜湯豆花甜品，以至牛肉麵、水餃、燒餅、咖哩、生魚片、鍋燒麵，從在地本味到大江南北，極是多樣多元。

而對我來說，最精采的則常不是招牌上的標榜主打，反是各攤檯上、玻璃櫃裡、滷鍋裡的各色小菜。通常不見於菜單中，需得自個兒一一探看後，指點著請老闆切盤或油炸出來享用：豬心豬腸豬皮豬肝豬血豬耳豬頭皮豬肝連豬大腸等各式內臟的清燙或滷味，燉得酥透入味的白蘿蔔，蚵仔甜不辣豆腐蝦卷紅糟肉等炸物，鯊魚煙花枝煙等燻物，還有保留了日文發音「吉古拉」的竹輪……

同樣大有別於台南常見的一攤一味、點心般小小吃巧，而是一攤一宴，相互配搭一頓吃足吃爽吃飽，但那放懷享用閒情卻一樣痛快悠然。

而這小吃天堂裡，最令我沉迷的美味所在，一如前述，當然不是膾炙人口已成觀光勝地的基隆廟口，而是常民小食薈萃的菜市場。

仁愛市場毫無疑問是此中翹楚，最精華區是兩棟相連建物的二樓，宛若基隆美味的縮影，小吃攤小吃店櫛比鱗次，一家比一家精采。菜色種類之多之龐雜，幾年來數不清造訪多少次，仍覺嚐不盡吃不膩，折服非常。

讓我深有所悟。這幾年，聽人談基隆，多半說的是這港市的沒落與風光不再。但身為台南女兒，反是能夠理解這曾經富足而後停駐，往往成為留存下這種種美好純樸味道的契機；能有足夠的時間與緩慢步調，以生活本身，和這些味道篤定凝然相守，不被盲目發展與追新求富的巨輪碾壓。

尤其，當此刻台南終究不得不開始和四方瘋狂湧入的觀光熱潮奮戰之際，基隆的依然故我自得其樂，著實令我不由分外著迷，一次一次流連沉醉不去……

當然，如果大處小節能夠再稍稍微拾掇刷洗整理一下，再清潔整齊一些，就更完美了。

原載於《中時電子報》，二〇一六年三月八日

蔥油餅反攻大陸記

魚夫

漫畫家、評論家、電視台總監、名節目主持人、動畫公司老闆、大學教授。在將屆半百之年自求隱退，毅然決然離開台北，移民台南，開始樂活人生，尋找新生命。政治大學科技管理研究所碩士、交通大學建築研究所博士班。自 1982 年至 2004 年曾任職報紙、廣播、電視台等媒體，現為弘光科技大學特聘教授。近年著作《移民台南》、《桃城著味》、《台北城》等。

嘉義有家「九代蔥油餅」是位詩人經營的小餐館，我看那做法，先將餅皮鋪好，於其上不惜血本撒滿蔥花，再包成長條，將長條麵餅繞成盤龍狀如蝸牛貝殼，然後下鍋霹靂叭啦油煎起來，當下香氣四溢，叫人垂涎三尺，最後端上桌來果然外皮酥脆，內瓤柔嫩，葱香透鼻。

仔細觀察，將長條麵餅盤繞起來油煎是關鍵，如果在中國北方就是著名的油旋餅。這一味歷史悠久，清朝有位顧仲寫了本美食書《養小錄》記載了油旋餅的傳統製作方式：

白麵一斤，白糖二兩（水化開）入香油四兩，和麵作劑，擀開。再入油成劑，擀開。再入油成劑，再擀。如此七次。火上烙之，甚美。

文中的「劑」就是「劑子」，乃是在「做饅頭、餃子等的時候，從和好了的長條形的麵上分出來的小塊兒」，即是一小段一小段的粗長麵塊，現代人不必從這些字詞裡費心推敲，最容易了解什麼叫打油旋的方法，就是上網去看相關影片，不過看來製程頗為複雜，得重複和麵、揉麵、入油、醒麵的，非常厚工。

打油旋的麵點在咱們台灣也很常見，我曾在台北伊通街的「種福園」吃過一種「斤餅」，當時用手機錄下師傅做餅的影片，發現和中國西北回族的油旋餅很像，在麵糰中加油旋轉成一坨坨，要煎時，用手壓平，如此煎出的餅皮便有一種層次感，而舉凡桌上的菜餚都可以包入其中享用，所以食量大者，就多用幾張皮，以斤之額度計算，俗稱「斤餅」。

從前兩岸不通時，我曾在書上看過老一輩的美食作家唐魯孫形容過油旋餅的滋味：油旋又叫一窩酥，是油烙的餅，餅中間有一塊麵頭兒，用筷子夾起來一抖，馬上鬆散，跟清油餅的做法一樣。把餅泡在甜牛肉湯裡吃，是洛陽早點中一絕。沒嘗過的人，是體會不出箇中美味的。

唐魯孫說的一窩酥，現在可能也變了個樣子，最常見的是在龍鬚麵上做變化，像捲了好幾圈的龍鬚，團成一窩，至於沾甜牛肉湯，則未之見也。

兩岸互通後台北永康街出現了一家「天津蔥抓餅」，店面約一坪大，但坪效全台最高，每天大排長龍，那餅看來就是油旋餅的變形產品。有一回，我去了一趟天津，便要人帶我去吃蔥抓餅，孰料費盡唇舌，當地人終於明白了，卻說：「啊，你說的是台灣手抓餅！」

如此反饋，我為了研究飲食文化在彼岸「走從」久了，也就不足為奇，大抵四川沒有牛肉麵、溫州沒有那麼大一顆的餛飩、蒙古沒有大圓平底鍋的烤肉、汕頭沒有意麵、福州沒有傻瓜麵……，現在說天津沒有蔥抓餅，也不至於嚇著我了，只是為什麼會從天津蔥抓餅反攻大陸後變成台灣手抓餅，那就得打破砂鍋問到底了。

這故事我後來獨家整理出來龍去脈：原來有位台商到中國旅行，走到鄉間邂逅了可口的油旋餅，靈機一動，馬上請教製作祕訣，發現製程用手去抓，使呈鬆散狀，只是他做的油旋餅省略了程序，做出來的餅形變大、變得蓬鬆，且可能不知那餅即是著名的「油旋餅」，回台後乾脆取名為「蔥抓餅」，至於為何加上地名「天津」，想當然耳，那老闆肯定是去天津取經，而不知油旋本產山東，所以應是亂點鴛鴦譜，卻結下好姻緣。

這故事寫在位於桃園的「潘記」食品官網上，二〇〇一年永康街上那家一坪大的店本是鞋店，後來租給人賣起越南河粉，房東則是加盟「天津蔥抓餅」，有一天有位阿凸仔來光顧，連續來了好幾日，不久美國《紐約時報》評選這家為全亞洲最好吃的蔥抓餅，從此生意沖沖滾，驚動中國「上海糧全其美」食品公司，遂大力引進台灣這「天津蔥抓餅」，並請明星周杰倫代言，於是一炮而紅，反攻大陸成功，大家都知道「台灣手抓餅」了！

故事有點荒誕不經，從油旋餅變成天津蔥抓餅再化身為台灣手抓餅，繞了一大圈，其實不就是萬變不離其宗？回到嘉義那家九代蔥油餅店，一大早來幾片蔥油餅配上一碗牛肉粥，可謂賽吃人參菓，無一個毛孔不暢快。問何以取名「九代」，原來老闆自我期許，小小一味蔥油餅希望能留芳萬世，傳承九代之意，在我看來，幾世之後，這且說不定也會反攻大陸，只是到時會不會維持現狀，就不得而知了。

原載於二〇一六年四月號《遠見雜誌》「好享生活」專欄／遠見雜誌菁英論壇，二〇一六年四月十七日

天津包子後勁強

朱振藩

平生雅好文史，酷愛書法，喜讀兵書，尤醉心於美酒佳餚。以愛吃、能吃、敢吃懂吃著稱。涉獵甚廣，除飲食外，對相術、命理、風水等皆有研究。曾教授過先面相、書法、謀略等課程。先後有「食聖」、「現代食神」、「臺灣首席美味鑑賞大師」等封號。現擔任金門縣駐縣作家。目前出版之簡、繁體字著作已達四十六部。其較著者為《典藏食家》、《循循膳誘》、《點食成經》、《看風水》、《食林遊俠傳》、《食林外史》、《食在凡間》、《六畜興旺》、《痴酒》、《識相》、《心知肚明》等多種。

猶記十多年前，天津包子的連鎖店，在大台北地區次第開張，也曾南進到台中及高屏一帶，堪稱炙手可熱。然而，不出兩、三年，卻相繼凋零，變成燙手山芋。究其實，並非廣告不夠、招牌不響，而是手藝不純、功夫不到，有以致之。可是它仍有永續經營的空間，由於本小利薄，加上可充正餐，只要改善「體」質，口味真正道地，保證待春風起，遍地開滿花朵。

傳聞天津市有三絕，第一絕是「狗不理包子」，第二絕是「十八街麻花」，第三絕是「耳朵眼炸糕」。雖說此封號的爭議性極大，但「狗不理包子」在天津揚名立萬，則是眾口一辭，沒得說的。因為在天津賣包子的店鋪，豈只百千家？能在其中脫穎而出，絕對不同凡響。

其實，早年天津包子，確實遠近馳名，據散文大家梁實秋的回憶：「苟（即狗）不理的字號十分響亮」，但「不一定要到苟不理去，搭平津火車一到天津西站，就有一群販賣包子的，高舉籠屜到車窗前，伸胳膊就可以買幾個包子。包子是扁扁的，裡面確有比一般為多的湯汁，湯汁中有幾塊碎肉蔥花。有人到舖子裏吃包子，才出籠的，包子裡的湯汁，曾有燙了脊背的故事，因為包子咬破，湯汁外溢，流到手掌上，一舉手乃順著胳膊流到脊背。不過，天津包子確是湯汁多，吃的時候要小心。」他老人家並舉一個在平津地區流傳已久的笑話，聽後令人發噱。原來「兩個不相識的人，據一張桌子吃包子，其中一位一口咬下去，包子裡的一股湯汁直飆過去，把對面客人噴了個滿臉花。肇事的這一位並未覺察，低頭猛吃。對面那一位很沉得住氣，不動聲色。堂倌在一旁看不下去，趕快擰了一個熱手巾把，送了過去，客徐曰：『不忙，他還有兩個包子沒吃完哩。』」可見台灣早些年那些賣天津包子的，之所以搞到難以為繼，除了皮子尚不夠水準外，裡頭沒含著那一汪子湯，才是敗陣主因。

現在還是談談已名揚五湖四海的「狗不理包子」吧。

據故老相傳，在清光緒年間，武清縣楊村鎮裡，有個乳名「狗子」的少年高貴友，自小性子倔強。年方一十四歲，即至天津侯家店「劉庫蒸食舖」當學徒，三年盡得其傳，且鑄一己新意。當他滿師之後，即在南運河三岔口開設包子攤。因其苦心琢磨，不斷精研實踐，創出和水餡、半醱麵等法，使包子具「長相好、有咬勁、滿嘴香」的特色，顧客蜂擁而至，遂使其乳名與包子的美名不脛而走，舖面字號「德聚號」，反而不為人知。但有人則說，他不苟言語，買賣時，只要顧客付錢，便可自取包子，其他概不理睬，於是熟客笑他「狗子賣包子——一概不理」，「狗不理」便這麼叫開了，後嫌「狗」字不雅，乃易「狗」為「苟」。

已故美食家唐魯孫的講法，則和上述的說法不盡然相同，且有不小差異。他指出：「最早的狗不理，門面小，顧客多，甭管有多少主顧來吃，永遠都是新出屜的。狗不理的包子，講究的是油大滷多，加上又都是現出屜兒的現吃，自然是又熱又燙。我們知道狗是無所不吃的，可是就怕吃燙的東西；有人說：凡是狗，只要吃過燙的食物，一聽到響器，就腦漿子疼。究竟是真是假，那就要請教腦科專家了。」為了證明，他又說：「在街上亂跑的野狗，凡是吃過熱馬糞的狗，一聽到打糖鑼的，一敲糖鑼；賣豌豆糕的，一打銅鏇子，狗就沒死賴活的又叫又咬，那是一點也不假。」所以，他的結論是「狗不理賣的都是新出屜的包子，油大滷水多，熱而且燙，擲在街上，狗都不理，無非是給包子做宣傳的形容詞而已。後來數典忘祖，才改成苟不理了。」

唐先生又謂他當年去狗不理包子鋪的特異吃法為——「一進去，坐下吃包子是不受櫃上歡迎的，舖子門口有一個巨型籤筒，筒底幪上一層厚牛皮，一進門抽牌九，抽大點，抽真假五，都可以。贏了，少給錢多吃；賭輸了，多給錢少吃。」遙想當年，這可算是天津在吃的方面一大特色，而今也已煙消雲散了。

「狗不理包子」最露臉的時光，應是袁世凱在天津小站練軍時，曾將它攜入宮中獻給慈禧，太后食罷大悅，隨口吟出：「山中走獸雲中雁，俯地牛羊海底鮮，不及狗不理香也，食之長壽矣！」經老佛爺一品題後，想不聲名大噪都難。

上世紀四〇年代初，包子鋪遷往「天祥商場」（今勸業場），生意愈發火旺，並正式定名為「狗不理」。解放之後，由於高貴友的第三代們鬧糾紛，曾一度停業。一九五六年時，天津市政府為繼承發展傳統風味食品，找來其三代孫高煥章，正式在原「豐澤園飯莊」的舊址，恢復了「狗不理包子鋪」。一九八〇年初，先在北京市地安門外大街開設分號，進而於一九九三年，在漢城設立海外第一家分店，更加譽滿中國內外。

「狗不理包子」以色白小巧，形似待放菊花（須打十六褶，疏密適中，麵皮有咬勁，俗話叫筋斗），餡心鬆軟油潤，肥而不膩聞名。在原料上很講究，麵粉用大成牌的，醬油則用宏鐘牌的，前者還是台商經營的產品呢。

打餡、揉麵和蒸熟，是包子好吃的三部曲。「狗不理的包子」後二者分別掌握了半醱麵火候的技巧，故皮薄、有咬勁，且不會出現掉底、塌幫及跑油的情況。但打餡的配餡及拌餡，則更有學問，以前是商業機密，現則公諸大眾了。

其配餡的準據，不單做餡用的豬肉要新鮮，肥瘦的比例則按季節搭配。像夏天天氣炎熱，人們吃不下肥膩之物，包子肥瘦肉的比例是肥三瘦七；春、秋兩季天氣宜人，用肉量肥、瘦各半；到了冬天，天寒地凍，人們需高熱量，用肉就改成肥六瘦四。因而「狗不理的包子」，便可以保持四季都是肥而不膩，美味適口，包君滿意。

清香可口，是「狗不理包子」的另一大特色，這表現在拌餡上。因主要用的是豬大骨頭熬成的高湯，其次則是雞高湯，比例是一斤肉要拌八兩高湯。佐料亦不馬虎，定制一絲不苟，既一斤肉餡放三兩醬油、一兩五錢香油、一兩蔥和四兩薑，且樣樣要用量準確，過秤嚴格，絕不光憑經驗、眼力投料。在如此嚴格地控管下，香味四溢，營養豐富，乃屬當然。

在「狗不理」的盛名下，天津一帶的點心舖，有樣學樣，陸續出現「猴不吃」、「貓不聞」、「鴨不睬」等奇怪店名，稱得上是食林一大奇景。

目前在台北賣天津包的店家已不多見，顯然都在苦撐待變。我想在餡料上用心、酸麵上考究，總結經驗，反覆實踐，在經過一番靜觀其變後，必能吹起反攻號角，重新刮起流行風氣，真正來個「少康中興」。

原載於《聯合新聞網》講義雜誌，二〇一六年四月七日

民雄鳳梨

李瑞騰

1952年生於台灣南投，中國文化大學中文系博士。曾任中央大學中文系主任、圖書館館長、文學院院長及《商工日報》副刊主編、《文訊雜誌》總編輯、《台灣文學觀察雜誌》發行人兼總編輯、台灣文學館館長。現為央大學中文系教授兼文學院院長。著有文學論著《台灣文學風貌》、《晚清文學思想論》、《老殘夢與愛》、《新詩學》、《詩心與詩史》等，及散文集《有風就要停》，詩集《木子詩抄》等。

台北永吉路30巷傳統市場附近的街角，一輛小發財車上堆放如山的鳳梨，我遠遠就看到民雄鳳梨四個不甚工整的大字。

賣鳳梨的是一位中年婦女。她招呼著客人，「娘家自產，很甜喔！」那時候，兒子去了民雄讀中正大學，我又因學術因緣，常到中正大學以及附近的南華大學，出入民雄頻仍，來去雖是匆匆，但平靜安詳的鄉鎮，田園風光讓我印象深刻，因之而常想起家鄉草屯。

我從小愛吃鳳梨，看到民雄又有一種親切感，乃請婦人幫我挑了兩粒，看著她削皮、切片，記憶中一大片鳳梨田浮現了出來。民雄東邊的山坡地，鳳梨的故鄉疊影著草屯頂城路旁黃土地上的鳳梨田，我想起了疼愛我的姑婆，她瘦小的身軀隱在鳳梨叢中，站上田埂喊叫，她探出頭來，摘下斗笠，搖手示意，我就奔了過去。

多年以後才知道，民雄所在的嘉義和全台唯一不靠海的南投，都是鳳梨的主要產地，而我的姑婆所種的鳳梨，沒經試驗、未曾改良，卻也味甘而微酸啊。

又去了一趟民雄，這一回雖也到中正大學、嘉義大學等，但沒有學術的目的，就只是訪友、參觀，走走看看。從中正出來，朋友帶我去看了金桔農莊，看農業如何和觀光休閒結合；也去了一家星咖啡，開店的年輕女士竟是留學澳洲的碩士，回來陪著父母經營鳳梨事業。我在冷冷的冬季感到一絲絲暖意。

我突然強烈地想探索鳳梨的身世，有好幾天，我在無限大的網路空間裡搜尋，到處都是鳳梨香啊！我進了民雄鄉農會網頁，在本會農特產品欄中看到排在首位的鳳梨，知道農委會農業試驗所嘉義農業試驗分所，有關鳳梨的試驗改良，主要是以民雄作為試種區；然後我就進了嘉義農業試驗分所的網頁，看他們為果樹做的研究；進農委會網站，找到鳳梨主題館，看一種水果植物形成的產業發展史。

我來到星農場的網站，看星爸數十年的堅持與努力，才發現要當一個出色的農人，也不是很容易的一件事；讀大姊的話，聽到親情的呼喚，有一種農家素樸倫理的力量，我竟憶起再也無法下田的父親，看著荒蕪的田地，流出了那麼衰老的眼淚。

那天的氣溫很低，離開星咖啡時已近黃昏，要趕車回台北，只好割捨了旺萊山行程；為此，我特別把網路上許許多多有關它的圖片和文字，看個仔仔細細。

然後啊，有關鳳梨的諸多文獻記載也就一一浮現出來，從《台灣紀略》、《台灣府志》到《續修台灣府志》，從孫元衡的〈鳳梨〉到張湄的〈黃梨〉，彷彿也就是一葉葉鳳梨文學的發展史冊了。天生萬物，既已和人有了緊密關聯，其離散遷移就不免有其滄桑，但也不斷地開枝散葉，有著人文的輝光了。然而，面對民雄鳳梨，重要的可能不是鳳梨如何由葡萄牙人引入澳門，然後經廣東、福建而來到台灣落地生根，而是它如何被改良、試種，而成為民雄的鳳梨，而這裡的農民及其下一代，如何增進其農耕專業？如何研發其產品而使之形成品牌特色？又如何推而廣之？

中正大學學生會曾於二〇〇一年發起民雄鳳梨文化節，連續辦了幾年。我對這段歷史特別感到興趣，大學生的熱情與力量放在社區的物產文化之營造，實在是一種深具正面意義的運動，今天民雄鳳梨遠近馳名，厥因多元，但學生的運動也必然起過一定程度的作用。

我從星咖啡買回來的鳳梨果醬已經用完了，唇齒間猶有清香。

原載於《聯合報》副刊，二〇一六年四月七日

新幹線美食

林嘉翔

出生在台北、畢業於台大。曾任職日本國際餐飲休閒集團高接主管，並在大學針對業者傳授餐飲經營管理課程，指導過的餐飲、烘焙、民宿業者超過五百家。經常受邀至各縣市觀光、產業、文化單位及扶輪社等民間團體授課演講。在日本舉辦過多次畫展，作品由 KANUMA GROUP 印製成月曆〈風之女〉、〈風之子〉。現為日本四季國際餐飲休閒集團之董事顧問，代表著作有：《行樂日本》、《食樂日本》、《日本鄉土料理》、《日本夢幻火車便當》、《走看日本名物》、《戀物日本》、《古典的容顏日本》、《魅惑巴里島》、《行家這樣開餐廳》、《行家這樣開餐廳 2：Hold 住常客年年賺》、《行家帶你尋味：日本庶民美食》。

西元一八七二年十月十四日，東京新橋到橫濱的日本首條鐵道開通，小型的蒸氣機關車拖著火柴盒般的車廂，噴著白煙，姍姍邁出大眾運輸的第一步。之後，短短五年，大阪至神戶、大阪至京都的路線也陸續完工。隨著全國各地紛紛跟進，逐步發展出綿密交織的網路，火車遂成為汽車普及前最受大眾喜愛的交通工具。

日本第一個火車便當

西元一八八五年，第一個火車便當出現在宇都宮站——雖然只是附蘿蔔乾和酸梅的兩粒飯糰，並以竹葉包裹。西元一八八九年，姬路站首先提供薄木片盒裝，內有鯛魚、雞肉、魚板、煎蛋捲、蔬菜、漬物和甜點的「幕之內便當」。有模有樣的便當從此和鐵道結合，並且不分公私營路線枝葉繁衍，拓展出如今兩千種以上的後代子子孫孫。

現在，火車便當已突破初期必須以米飯為主食的限制，加上數種菜餚。形形色色的壽司、烏龍麵、蕎麥麵，堂堂登場，連中式的炒飯、餃子、燒賣，以及洋食的三明治都沒缺席呢！昭和六十三年（西元一九八七年）步履蹣跚的日本國鐵改制民營 **JR**（Japan Railroad），東海道新幹線同時啟用「子彈號」新型列車。

冀望提升載客率，**JR** 的企畫部門要求供應商跳脫老式幕之內便當的固定框架，捨棄三種必備的菜色——魚板、煎蛋捲、烤魚——想辦法拉高食材成本所占的比例，大膽採用沿線各地獨特產物的新鮮魚蝦、肉類、蔬菜等，製作一系列冠上「新幹線美食」的新商品。

由鐵道公司帶頭，積極指導火車便當的改革開發，更贏得乘客的感激和業界的喝采。命名講究、容器精緻、附杉木筷、外盒貼有金色標誌的創意便當，價格統一（已自起初的九百日圓調升至一千日圓），在新橫濱與新大阪之間的各停車站相繼推出後，風風光光地掙得物超所值、美味可口的佳評。部分子彈號的車廂內也買得到，但只限早上十一時至下午一時，以及晚間四時至六時發售，而且種類常不齊全。精挑細選幾款亮眼的傑作，為您逐個解讀吧：

湖北的傳說——東海道新幹線米原站

隸屬滋賀縣的米原位於琵琶湖的東北側。負責製作的商家井筒屋集合了湖北地方最優質的食材，依照昔日的口味料理包含胡椒粒烤野鴨肉、芝麻雞肉鍬燒、涼拌蔥花炸豆腐皮、煮小芋頭蒟蒻、煎蛋捲、醃漬牛蒡蘿蔔等菜餚。主食用上等糯米和粳米混合煮飯，再隨季節更換上頭的搭配物：春天山菜、夏天毛豆、秋天栗子、冬天黑豆。

由杉木板和竹製簾子組合的容器，外紮唐草花紋的包袱狀紙巾，重現民間生活道具的美感，質樸自然、親切溫馨。

名稱想要傳達的意象大致是：居住在琵琶湖北邊某荒涼偏僻村落的老婆婆，盤坐於燒著炭火的圍爐邊緣，正為孫子們述說世代相傳的民間故事……。

料理的水準、容器的設計、名稱的構思，簡直無從挑剔。

茶飯便當靜岡巡禮──東海道新幹線靜岡站

靜岡縣幸運地獨占日本人心靈原鄉的富士山，而且它的南部平原、北邊高地和駿河灣，也盛產繁多食材，四季不虞匱乏。這款便當的野心，即在藉著道道料理，引領乘客進行一趟上山下海，認識靜岡的鄉土巡禮。

首先，盒蓋打開立刻飄升清雅的香氣，原來是加了抹茶烹煮的微綠米飯，上面還點綴著以鹽醃漬的茶葉和一粒紅梅。鎌倉時代仁治二年（西元一二四一年），聖一國師自中國的宋朝歸來，開始將茶樹的種子栽種於靜岡市郊的足久保。德川家康在治理駿府城期間，也獎勵推廣茶種。明治三年（西元一八七〇年），為了救濟失業人口，官方選定靜岡市西南方，氣候溼潤排水良好的牧之原大規模開墾茶園。發展至今，整個靜岡縣的茶葉產量高居日本第一。

菜餚中最出色的該屬炸櫻花蝦餅，淡紅色半透明、體長約3公分的櫻花蝦，全日本唯一的產地就在靜岡縣外海的駿河灣。蒲原、由比、興津三個漁港，每年逢春（3月下旬至6月上旬）、秋（11月上旬至12月下旬）兩季，都可見到豐收的景象。新鮮的櫻花蝦加入細切的牛蒡和蔥花，略沾麵糊油炸，金黃中紅綠相間惹人垂涎，入口香酥爽脆，甘甜穿透鼻腔。

另外遠洋漁業基地燒津港的輕焙鰹魚乾、用宗港的片口小沙丁魚乾，以及駿河灣沙丁魚製作的魚丸等，都爭相誇耀著靜岡海域的富饒。依季節不同，部分菜餚亦會稍做調整。

御堂筋便當——東海道新幹線新大阪站

翻開歷史，大阪曾幾次貴為日本的政治中樞。江戶時代，由於諸藩國的大名在此設置囤積米糧等農產的貨倉，才逐漸成為全國物資的集散地——「天下的廚房」。而以氣勢豪爽、重諾講義著稱的大阪商人，飲宴奢華，一擲千金。流風所及，庶民大眾也狂吞猛吃在所不惜，因此有「吃倒大阪」的俗諺。

這個企圖盡秀「食都」厚實功力的「御堂筋便當」共有兩層，上層的九宮格內分別是：星鰻壽司、泡醋鯛魚、海苔芋頭、鹽烤蝦子、甜煮鯛魚卵、烤魚、炸洋蔥肉餅、乳酪焗蛋、水果。下層為青豆米飯搭配五粒章魚燒。捨棄同屬大阪粉食代表的御好燒，選擇小巧可愛的章魚燒，不知業者是否想印證「大阪居民家家都有章魚燒烤盤」的傳言？

原載於《中國時報》人間副刊，二〇一六年十二月二十一日

到檳城吃古味——馬來西亞好食光

陳靜宜

台南人，熱愛飲食文化，曾任聯合報消費美食記者十多年，目前為雜誌專欄作家與平面媒體特約採訪記者，出版《臺味》一書、選入2007、2012《飲食文選》（二魚文化出版社），曾獲曾虛白新聞獎、消費者權益報導獎等。

無論願不願意接受，時光不可能倒流了，現在若在台灣見到柴燒紅豆湯、柴燒碗粿，就像珍稀藝品那般受到保護。

不過，在馬來西亞檳城（Penang），時光像停在某個軸線上，許多小食販子緩慢地騎著改裝的腳踏餐車，找到了定點，起灶升火，炭烤柴燒都只是那個時光的一部分，沒有衛生筷、不用塑膠湯匙，甚至沒用塑膠袋，把香蕉葉與廣告紙捲成甜筒狀就能打包。為數不少傳至二、三代的攤子，把味道忠實傳下來，「食光」在那刻確實倒流了。

到檳城品嘗美食是必要的，理由有三：第一，檳城公認有「大馬美食之都」之稱，CNNGO網站票選獲得「亞洲十大最佳小吃城市」、二〇一四年又獲《孤獨星球》（Lonely Planet）評選為全球美食城冠軍。其次，檳城保留了廣東、潮州、福建小吃的老味道，這在中國大陸、港澳台恐怕已經都質變或者消失，卻仍能在此找到，像是一場味道的尋根之旅，如使用蝦殼熬湯底的福建麵，可以說就是台南擔仔麵的原形。

第三個理由其實與前一項是矛盾的，二〇〇八年檳城被列為世界文化遺產後，湧入了超越過去數倍的觀光人潮，小吃攤一時之間無法招架那麼多遊客，炒粿條原本是一盤盤炒，為了求快，有些店家開始把粿條事先炒好擺著，等客人來了再回鍋加熱，從客製化變成了量產。

原本檳城一直是以華人為主，然而自二〇一五年起，馬來人的人口比例已經正式超越華人；加上新加坡人到檳城炒房產，一排排老屋正改建中，檳城怕就要變了個樣，想吃就要趁現在了。

吉靈萬山早市　老溫豬腸粥

清晨就從一碗暖粥開始吧。

在百年歷史的吉靈萬山（Chowrasta Market）菜市場，老溫豬腸粥已傳至第二代，隨便算算都已經七十幾年。老闆溫福振以前並不老，二十六歲年輕氣盛之時接下生意，至今仍站在砧板前如同和尚敲木魚般，握著刀咚咚咚有規律感地切著配料，一切四十年，成為市場裡的晨鐘。

雖說是「豬腸粥」，實際上賣的是豬雜粥，這是在檳城一帶才有的稱法。他用鯷魚（江魚仔）跟豬骨做底以炭火熬粥，到了市場才用瓦斯爐續熱，粥料有汆燙豬腸、豬血、豬心、豬舌、叉燒，最誘人的是撒在粥面上的炸豬腸與蔥粒，綠綠花花、油潤而香脆。同桌的陌生大嬸說一吃就吃了十多年，對粥料如數家珍，像是在說她家的大寶、二寶。

小檔案
- 地　址：Jalan Kuala Kangsar, Penang
- 時　間：07:00～11:00
- 公　休：週一、五
- 價　格：4馬幣起
- 當地電話：012-468-6005

汕頭街夜市 阿海現煮粿條湯

入夜後的汕頭街成了燈光鮮明的食物舞台，阿海的現煮粿條湯攤子就在汕頭街夜市登台演出。阿海說，四十年前，附近就有七家戲院，從晚場到午夜場，人們免不了要吃消夜，攤子開到凌晨三、四點仍然人潮不斷，只不過現在戲院一家都不剩，人們不吃消夜而當晚餐吃，與過去盛況大不同。

夜市粿條湯攤子多，認明了招牌上寫「現煮」二字，未加此二字的粿條湯，多是將配料煮妥備好，待客人上桌後才二次加熱，阿海說，一碗一碗煮才是生活，要搶快就變生意了。

有堅持的阿海，煮出來的粿條湯會勾人，用後腿絞肉做成的「肉脞」，味道鮮甜，搭配用豬骨熬煮的湯底清爽，最厲害的是每日現炸的豬油渣，不苦不膩，具有畫龍點睛的功效，讓人吃了還想再吃，明知不可為而為之，記得點餐時加上當地人的術語：「豬油渣多多」準沒錯。這還引來一段用餐趣談，我說多多在台灣是一種飲料，老闆說多多在馬來西亞是一種六合彩！

小檔案

- 地　址：Jalan Kimberley，Pulau Pinang
- 時　間：18:00～20:00
- 公　休：週五
- 價　格：4.5 馬幣起
- 當地電話：017-466-7309

老港味　梅忠記粵菜館

「梅忠記」是廣東順德人梅忠在一九五〇年創立，鋪子就在當地第一代老舊國宅裡，現在由後代打理，菜色還是遵循著老味道，不只當地人，許多香港人也會來此找尋老菜的滋味。像「炸蝦球」是現代常見炸蝦球的原版，「三菇炒皮蛋」用的是老抽炒皮蛋、冬菇、蘑菇跟草菇，顏色雖黑如墨，但味道並不重。不能錯過的美味，還有蔥薑滑蛋牛肉。

一樣有老茶樓的一盅茶，可選當地人喝的小葉甘茶，有趣的是融入當地飲食習慣，提供叉子跟湯匙，用這樣方式吃粵菜，恐怕也是難得的體驗了。

小檔案
- 地　址：C-6 People's Court, off Lebuh Cintra, George Town, Pulau Pinang
- 時　間：18:00～21:30
- 公　休：不定期
- 當地電話：04-261-7672

再來一味　柴燒炒粿角

炒粿角源自潮州，以黑醬油、豆芽、菜脯、辣椒和豬油炒拌不規則塊狀的米粿，這家在汕頭街上只賣早上的街邊小吃，母女檔一賣也已六、七十年，仍堅持用柴燒炭烤烹煮，是不把醬炒乾的「濕式粿角」，不設座位採外帶式。

文化觀察　檳城人與台南人

檳城是位於馬來西亞西北的一個小州，在一七八六年成為英國殖民地，融合了華人、馬來人、印度人、英國、荷蘭、葡萄牙等多種族文化，檳城人自視甚高，有獨特的優越感。

檳城人是指出生於檳島和威省兩個地區的人，不過位於檳島的首府喬治市（George

Town）的居民可不見得這麼想，一先問對方是檳城人，二問是檳城哪裡？一聽不是檳島，心裡頭便嘀咕：「那哪能算檳城人啊？」

令人莞爾的是遙遠的府城人也是一個樣，同樣以美食自居、同樣有眾多小吃，居民也自視甚高，老一輩的人甚至不說自己是台南人，而是「府城人」，那個曾經一府二鹿三艋舺的輝煌年代。

現在雖然台南縣市已經合併為大台南地區，若在過去，台南市人一問對方是台南人，二問對方是台南哪裡？一聽到是台南縣，心裡也是嘀咕：「那哪能算台南人啊？（那就是善化人、新化人、學甲人……啊）」

旅遊資訊

- 航班：可搭中華、港龍、馬來西亞航空等前往檳城。
- 簽證：免簽證。
- 時差：無時差。
- 匯率：1馬幣約換新台幣7.8元。
- 相關資訊洽詢：馬來西亞觀光局 http://www.promotemalaysia.com.tw/。

原載於《自由時報》副刊，二〇一六年八月十七日

下地獄吃

神小風

1984年生。東華大學創作與英語文學研究所畢。著有《少女核》、《百分之九十八的平庸少女》等書。並於「三少四壯集」擔任專欄作者。

我常常想起那幾個早晨，或者說，無數個早晨。國中時，坐在餐桌前必須吃完兩片土司的時刻，有時是麥片，有時是波蘿麵包，搭一杯牛奶。非常典型匆忙的都市早餐形態，但無論是哪一種我都吃不完，於是就拖；我媽是一生遵循一種活法的人，堅持我得吃完才能走，於是拉鋸。偶爾我覺得母女之間的小恨小怨，都是在那種推磨下累積起來的。她從來不肯放過我。時間滴答在走，我緩慢吞嚥，那麵包已經不是食物，而是一種家庭的刑具——我們家小孩一定都吃飽了才上學的。聽過我媽和鄰居這樣的對話，我情願對方的家裡不會有同齡的孩子——不，即使有，大概也不會像我這樣難養吧。

十次裡有八次我順利過關，但就有那麼一兩次，我堅決不退，留下半截麵包在盤子裡。要遲到了，我媽趕我出門時仍不忘兇一句：「現在不吃妳以後下地獄吃。」

那是惜物的詛咒，是負面的財產。難養如我，從來沒有一次乾脆俐落把食物吃光過，總是這樣拖拖拖。幾次和同學聚餐，各點各的飯，所有人都吃完了就等我一個，仍然在那邊一粒粒入口。相熟的W忍不住：「妳不想吃了對吧。」「你怎麼知道。」「因為妳開始玩食物了……」我把盤子推開，大家默默盯著不說話，心裡想的大概都是：「這傢伙會下地獄」吧。

一生中羨慕過很多人，但最羨慕的，大概還是能把食物吃得很乾淨的人。不會為了一塊洋蔥或胡蘿蔔裹足不前的人生，光想就清爽明亮。外出辦營隊，偶爾替人上課、評審，對方總會禮貌性的問：「需不需要準備便當？」總是搖頭，看同行友人巴搭巴搭吃得精光，拿著空飯盒在面前晃，「其實味道不錯耶，妳應該試試。」還以為是我嫌棄。之後學乖了，「可以給我一杯奶茶嗎？」嘴巴裡有事做，就不會讓人覺得招待不周。

後來搬出來一個人住，最感慶幸的不是空間的擁有，而是飲食的自由。獨居時，愛吃不吃誰理妳。我不大吃正餐，多下麵條、餛飩，弄茶泡飯，大半夜蹲在地上用電磁爐煮泡麵。知道自己口味奇怪，只能這樣關起門來養；自炊自食，盡是這種零零碎碎的小東西。在外盡量避吃丼飯、便當、焗烤以及各種混合餡料（哪知道裡面藏了什麼），遇上喜歡的店，常常一放心就連續吃上一個禮拜。相較於應對人類，我常想，面對盤子時，我的喜惡簡直誠實得過頭了。

一天至少三頓飯，難養的人，罪惡感與食慾幾乎同步，肩膀上彷彿爬了個小警總，努力編列日後地獄清單。遇過一樣挑食的朋友，甚至刻了個「不要薑、蔥、蒜頭、香菜」的印章，隨身攜帶。但有次同事A子說，吃不下就不要吃，我們家都這樣啊，態度好自然。這番家訓意外解了我身上的咒，彷彿闖進了鄰居的飯廳，被別人家的媽媽摸了頭：不要勉強啊。於是偶爾，再碰上那類話語，也學會用一種暴發戶的口吻回擊：姊以後下地獄就是要去開Buffet的，到時都給你們打個八折好不好啊。

原載於《中國時報》人間副刊，二〇一六年九月二十九日

兩種仙草

楊子葆

楊子葆，1963年生於花蓮，法國國立橋樑與道路學院（ENPC）交通工程博士，現任文化部政務次長。著有《可移動的文化饗宴》、《看不見的巴黎》、《街道家具與城市美學》、《葡萄酒文化密碼》、《葡萄酒文化想像》、《微醺之後，味蕾之間》、《味無味集》、《城市的36種表情》、《喫東西集》、《味什麼集》等書。

春分（今年落在三月二十日）一到，日暝對分，插秧種豆，開始一年農作。按理天氣應該漸漸開始暖和，然而「乍暖還寒猶未定」，台灣俗諺說「二八月，亂穿衣」，農曆二月、八月，冷熱變化多端，厚衣外套穿穿脫脫，讓人手忙腳亂。尤其幾陣春雨帶動氣溫下降，「一天落雨一天涼」，這時來一碗台灣熱點「燒仙草」驅寒，就像歐洲人的「熱紅酒」（Vin chaud），總能讓人不但暖胃、暖身，也暖心。

仙草，拉丁學名為 Platostoma palustre，法文作 Mesona chinensis，英文 Chinese mesona，台灣原住民泰雅族稱 Supurekku，排灣族則稱 Ryarikan，係唇形科仙草屬草本植物，有獨特香氣，在東南亞華人文化圈一般常加工成為甜點。

一年生植物仙草，台灣是在十月中旬收穫，但剛採收的新鮮仙草並不宜食用，不僅土味重，果膠凝結不足，特有香氣也不夠濃郁。須經曝曬風乾程序，並至少儲存三個月之後，才適合熬煮成汁。一般青草店則建議在通風乾燥的倉庫裡陳放一到三年，據說越陳膠質越多，風味越見香醇，台灣客家庄所標榜的「老仙草」，陳齡都在八年以上。仙草乾可加水煎製為仙草汁，過濾雜質後添加番薯粉或澱粉拌勻煮沸，更傳統做法則是以米漿一起熬煮，冷卻冰鎮凝成「仙草凍」；至於熱騰騰的「燒仙草」，據說發源於花蓮玉里，別處見不到，應是台灣特有吃法。

仙草是一種有著濃濃本土風味的食品。但對於戰後來台大陸移民子弟，即所謂「外省人第二代」而言，品嘗這種台灣點心，似乎總帶著莫名複雜之情愫。也許想太多了，不過為我而言，仙草有兩種。

因為提及「仙草」兩字，反射性躍出腦海的，居然是京劇戲碼《盜仙草》，這是白蛇傳故事裏經典橋段：白娘子在端午現出蛇身原形，嚇死許仙，癡情蛇精為救夫婿，毅然獨上峨嵋強索仙草……。不過劇裡「仙草」指的是可起死回生的靈芝，此仙草非彼仙草也。

京劇對於台灣，當然是「另一批人」跨海帶過來的外來文化，從未扎根本土，作為一名「呷台灣米，飲台灣水」長大的台灣人，居然有這種虛無飄渺的仙草第一印象，讓我很長一段時間裡心中充滿說不出口的莫名罪惡感。

還有，仙草又名「涼粉」。但對於出生於中國北方的父親而言，涼粉是另一種迥然不同的食品：一種以豌豆或綠豆為主要材料製成的點心，色澤乳白或青白，通常呈條狀，多為鹹味、辣味，絕少甜味。父子記憶南轅北轍。

最後，市場上的仙草點心多是加了糖水的仙草凍，然而仙草清熱、消渴、解毒，有治濕火之效，而若依中醫觀點，甜生痰、生內熱，兩者藥理其實相沖。

尤其現代社會裡無所不在的糖已成為健康殺手，英國名廚傑米・奥利佛（Jamie Oliver）甚至認為糖所造成問題已不亞於香菸或毒品，而疾聲呼籲政府徵收「糖稅」——甜點之「甜」，居然成為現代病症源頭之一。

因此，要品嘗苦後回甘仙草原味，還是加糖掩蓋苦味？竟似一種人生選擇。

原載於《遠見華人菁英論壇》，二〇一六年三月十九日

衝撞大自然的小冒險

黃學正

台灣出生，紐西蘭長大，為了生活與夢想繞了地球好幾次，從喜瑪拉雅山山麓吃到死海海濱。深受東西方文化影響，從小鎖螺絲、跑工廠、吃中藥、種葡萄、釀酒、牧牛羊、打獵、潛水、好吃。曾經是食品、酒、肉、乳的進口商對美食有潔癖，為了不捨浪費與挑戰自己創造過千道原創菜肴。輕狂時認為文字無法表達出自己創造的餐飲經驗，幾年前經過幾齣生命大戲起起落落後開始發現自己老了，必須將所感所知留下。2013 創立「鈍活運動（Almost Blunt Movement）」推行積極活在絕對鋒利與鈍不可耐間的當下，並以真想做而做的永續、自在、開放與系統的態度面對一切。美食生活專欄作家、食講堂創辦與主持人、聯合報 UDN 大而話之美食特約講者、中央廣播電台早安台灣節目美食特約講者、鈍活運動創始人、上善人文基金會董事、中華民國台灣國際美食交流協會理事、Entrepernure ＋跨業創業家交流協會創會理事、矽谷 SLP 創業課程導師、Dolce & Crepes 顧問、酉一二行號合夥人。

炎炎夏日一碗冰，外熱內凍好個對比。我常想：全年都能吃到冰的人類，應該是地球物種中少數能行的逆季行為；自古至今食用冰品與其說是一種美味，更應說是一種心理的謎。

把歷史往回翻，我們會發現古人早已嗜冰，常言說，物以稀為貴，能在盛暑取得至寒之物往往凸顯的不僅於好食與否，反而是人類能藉自身力量悖逆天時的證明。

與冰相關的歷史記載最早可追溯至目前發現最早的曆書——夏朝的《夏小正．三月》，其中即有描述「頒冰也者，分冰以授大夫也」的儀式描述。《周禮．天官冢宰》中，更明確記載了負責管理冰權的凌人一職與其工作內容[1]，周文王第九子的兒子也曾擔任凌人一職，因此其後便依職而姓凌，此後凌氏成為百家姓之一。

當時的冰取自寒冬，透過鑿切成方後，藏於面積廣大的夯土和陶質井圈中（稱之為「凌陰」），在祭祀與頒賜官員時，再依冰方大小作為社稷之禮。

三九天挖冰，三伏天吃冰！

到清朝時，藏冰的技巧更為成熟，在《大清會典》中記錄，光是紫禁城周圍十四處冰窖就藏冰逾十萬五千七百多塊！北京城打冰多在最冷的三九天（即從冬至算起的第三個九天，所以是冬至後第十九到廿七天之間）的半夜一點多左右，由有經驗的老打冰手率領、劃出範圍，每隔一定距離就排一人，待號令一下，眾人一起使勁，鑿下的大冰塊浮在水面上，再分割成三尺

1《周禮．天官冢宰》：凌人：掌冰政。歲十有二月，令斬冰，三其凌。春始治監，凡外內饔之膳羞，監焉。凡酒、漿之酒醴亦如之。祭祀，共冰監。賓客，共冰。大喪，共夷盤冰。夏，頒冰掌事。秋，刷。（釋文：凌人掌理藏冰、出冰的政令，如冬季十二月下斬冰令，需儲存三倍用量。春天時開始準備冰鑒以冷藏食物，宮廷外內饔（音雍，熟食、生肉）、祭祀和宴客所需的飯菜餐食、酒飲如漿醴等的低溫儲藏等等都須納入管理，除了飲食，如遇大喪則安置盤冰。夏季時忙著依令分配，秋天時則清理，準備來年。冰鑒即古時的冰箱或保溫盒，是雙層的隔溫器皿，鑒內還有一容器──「尊缶」（缶，音否，裝酒的瓦器），鑒的底部設有機關，可固定尊缶。夏季時，可於鑒、尊缶之間裝冰塊以冰鎮；冬天時，盛放熱水，使酒或食物得以保溫。湖北出土的冰鑒上留有一柄長杓，可用來舀漿液。）

長兩尺多寬，由工人用鉤子拖進冰窖中。冰窖的主體建在地下，約有四公尺深，底部用柏木打樁為基、以花崗岩鋪底、砌牆。地上建築僅高一到兩公尺，窖內為拱形建築，無樑無柱如城門洞，可較好維持溫度。

冰在歷代不僅做為朝廷恩賜外，也是貴族身份地位的象徵品。比如唐朝國舅楊國忠便曾在三伏天裡（一年中最熱的時間，從夏至後第三個「庚」日算起，初伏為十天，中伏為十天或廿天，末伏為十天。約為陽曆七月中旬至八月中旬）設冰方成宴，巨大的冰塊輻射的冷度讓賓客需穿薄棉衣避冷，大家忘暑而飲。宋、元時，也會將濃香奶酪、果汁、穀漿、乳品、水果等冷卻近凍後，製為冰糕作為精緻點心而食。到了明清更有大戶人家取冰於夏天，冰鎮水果、山楂、烏梅湯等解暑。

中國有規模的工業製冰在廿世紀初期於上海起步，由於引進美國品牌及壓縮機設備，開始有了規模化的製冰業，但當時仍以大戶、權貴與醫療的冰品使用為主。台灣則是在日治時代引入製冰的壓縮機與技術，才慢慢有冰塊銷售與使用，先統一由工廠大量製作，再分批賣給各區域有冰庫的中盤。

記憶中，兒時家的巷口便有間賣冰的店家，那冰塊上下貨時甚為驚人，整卡車晶瑩剔透的冰，搭一斜板用一個前尖後圓的鋼製冰鉗「叼」住冰塊的一角，抓住下方四分之一處一拉，百公斤的冰便直線滑溜而下。路過冰店時涼氣凌人，更是孩提時的消暑聖地；若在路上恰好騎車靠近運冰卡車旁，一路可覓由來滴滴答答的濕滑冰水不説，等紅綠燈時若能挨在車側，更形同在冷氣房裡半身通透清涼。

雪花與蜜甜的圓舞曲

製冰技術的普及促成了各種不同形式的冰品出現，比如手鑿的鑽石冰（冰成不規則碎鑽砂狀），還有更為細碎、鋭鋒似片帶角的剉冰。因冰形大小不規則的關係，鑽石冰吃起來較有冰涼感，感覺上像是碎裂的冰晶在口中融化。這兩種似砂糖般的冰鑽質地搭上密膏狀的醬料，對比最為強烈，因此在傳統的台灣冰品上經常佐以如醃鳳梨蜜、烏梅醬、草莓醬等較為濃稠的果醬，隨著體溫融化的冰晶一方面增加口感也同時漸漸隨著轉成水的過程而稀釋較甜的醬料。

孩提時曾經見過賣冰的用木工刨刀刨削著整塊冰磚，削下的冰粒大小不一，口感硬脆硬脆，台灣至今仍吃得到喔！但隨著動力機器的進步，便開始出現了類似電鑽鑽台一樣的刨冰機，一圓形平台上面安著三到五片的刨刀刀片，上方一帶刺的圓盤，旁邊一大可手握的重鑄鐵飛輪，只要安一方冰塊在平台上、飛輪將冰塊緊緊釘押頂住，機器電鈕一摁，剉冰便翩翩降至碗裡；另一種則是刨刀更密、轉速稍緩的雪花冰，片片削下墜似鵝毛，有些店家喜歡以奶製冰，然後以雪花冰方式刨削，淋上更甜的煉乳、略酸的優格、糖漬帶酸的草莓、芒果或是慢燉稠粒的紅豆泥都能出現類似輕盈的牛乳雪糕的綿香滑度，惟如此的冰品生命太短，往往來不及吃便融去一大半。

記憶中還有一味冰品著實難忘，便是基隆廟口那浩浩蕩蕩的一字排開、數得眼花撩亂，卻各個都想嘗試的泡泡冰。在小盆中用匙杓邊拋、邊打，經過多次輾攪，將刨冰和調料緊密融合在一起，形成介於冰砂與冰淇淋之間軟滑的口感，像極了義大利的雪酪（Sorbet）：水分加得少、味道濃郁，卻又比純冰砂更添彈黏感。

我認為吃冰的精彩在於屢屢被環境與體內相距甚大的溫差頻頻撞腦！吃冰的時候，稍甜、稍淡都掌握在一杓杓兩指匙中；大口、小口、多料、少料都如此的自我與私密，僅依靠口中含抿香嚥的力道來加減凍腦的冷波，如此極端又自主的物理性衝擊搭上生物嗜甜的趨向，的確容易讓人置現狀於度外，在不能置喙、別無選擇的酷暑裡，成了人類行為中唯一可自控的「衝撞大自然的小冒險」，與心靈上逃避現實的「絕佳綠洲」。

目前還看得到的皇家冰窖

皇家冰窖小院

- 地址：北京市西城區恭儉胡同 5 巷 5 號
- 電話：+86 10 6401 1358

台灣哪裡吃特別的刨冰？

後龍杏仁露刀削冰

- 地址：苗栗市苗栗縣後龍鎮中龍里三民路 120 號
- 時間：週一～日 11:30-21:00
- 特色：以人工持刨刀刨出冰花，五十年來口味堅持不變。

新營手工剉冰

- 地址：台南市新營區，綠川北街與民族路交叉路口，榕樹下。
- 時間：9:00-17:00
- 特色：以人手持木製刨刀和固冰器磨出冰粒，經營卅多年。

嘉義水上阿嬤手工剉冰

- 地址：嘉義縣水上鄉，中興街、吳竹街交叉路口
- 時間：3-10 月 9:00-18:00，遇雨休息。
- 特色：以鋁製刨刀和固冰器磨出冰粒，經營超過一甲子。

原載於《or 旅獨中國》雜誌第五一期，二〇一六年五月

飲料

一山一味的首選

許怡先

國家職業資格一級評茶師、普洱茶趨勢觀察家，普洱茶收藏資歷超過二十年。曾任臺灣聯合報系《經濟日報》記者、兩岸權威藝術收藏雜誌《典藏》藝術雜誌創辦總編輯．現任中華普洱茶交流協會會長、默省齋文創股份有限公司創辦人．著作《紅酒能普洱茶為什麼不能》簡體版／繁體版／修訂版。中國普洱茶網認證作家、《今周刊》專欄作家、《萬寶周刊》專欄作家、風傳媒專欄作家。

在普洱茶的品牌世界，老茶（骨董茶）講福元昌，龍馬同慶，新茶要論班章，易武。

福元昌，龍馬同慶是百年的普洱茶號，就像紅酒的酒莊的拉菲、拉圖，前為普洱茶王，後是普洱茶后。而新茶的一王一后，則分屬班章及易武。

班章，獲封普洱茶王的小產區，不過近十幾年的事，而福元昌號是百年的老字號，小產區則屬易武。有趣的是，百年字號的骨董茶，介紹骨董茶的書卻一本接一本，可真喝過的人卻寥寥無幾。但崛起十多年的班章，在廣州芳村的茶葉市場，在大陸各地的茶葉博覽會上，在兩岸的電子商城上，從一餅人民幣一百元到一萬元，很多茶友都喝過，卻真偽難辨，良莠不分。

品飲普洱，沒有幾個人敢說：我喝過福元昌，但大部分的茶友會說：我喝過班章。骨董普洱茶王福元昌號，早已走進了歷史，當代普洱茶王班章，卻如日中天成為追捧的首選。

喝班章，要從一山一味說起。一山一味的概念，不是市場說法的「山頭主義」，而是行政區大中小產區劃分的概念，在瀾滄縣農業局任職的胥良林如是說。胥良林在一九八二年離開農大茶學系，就被派放到瀾滄的惠民茶廠，成為當地最年輕的科班背景茶廠廠長。

胥良林轉作行政職，但對普洱茶的熱愛不減，他的一本筆記，以科班茶學出身的背景，對一個一個小產區，做了土壤、氣候、和茶內質的調查研究。二〇一一年的四月，在瀾滄縣遇見胥良林，他特別強調「一山一味」在行政區域和自然環境結合的調研發現，的確存在。

從行政區域看班章，不如直接去班章看茶園。第一次踏進班章，是胥良林陪同的，他一路講解，才讓我有比較全面的認識，令我十分訝異的，是從民族、文化、產區、品種，再讀到自然條件，地理環境，也就是說，「班章」其實代表的不只是一個「產區」的概念。

胥良林是少數民族中的「拉祜族」，拉祜族和傣族、哈尼族是雲南歷史上會做茶的三個少數民族。拉祜一詞在這個少數民族的用語同彙，是「獵虎的民族」：「拉」是虎，「祜」是把肉烤香的意思。在雲南的少數民族中，拉祜族能歌善舞，他們的祖先源於甘肅、青海和西藏一代的古羌人，早期過著游牧生活，在南宋大理國遷入西雙版納和瀾滄，他們的文化兼具早期北方游牧文化的特徵，也融合了滇文化的風格與特顯。

「拉祜人」做茶的方式，也略不同於「傣族」或「哈尼族」，胥良林自己也製茶，他認為他做的茶仍保有北方遊牧文化的滋味。班章茶的新班章老班章是哈尼族的「哈尼味」，為甚麼又可以喝到「拉祜味」？沒錯，在班章這個行政區域裡，的確有一部分拉祜族的寨子。

行政區域的劃分，從歷史上要分好幾個斷代，就新中國之後，「班章」的定義為西雙版納州勐海縣布朗山鄉的班章村，而班章村委會又下轄五個自然村，包括老班章、新班章、老曼娥、垻卡因和巴卡龍。胥良林說，後兩個較不知名的自然村，就是拉祜族的寨子，他們做茶的基本工藝，或許也保留了自己的游牧文化特色，可惜沒有人細心到想去分辨罷了。

「班章五寨」是行政區域的劃分，那麼新班章，老班章又怎麼分的呢？二〇一三年在新班章寨子，前村長李永勤很認真告訴我，他有記憶以來，族人傳下來的說法，新班章和老班章的兩個寨子是同時從老曼娥遷出來的。「也就是說，新班章未必新，老班章也不比新班章老，這是新中國在行政區域上定義的名字。」李永勤如是說。

更有趣的是，老曼娥寨子，有一說是從「帕沙老寨」——格朗河鄉遷過去的。這件事在帕沙中寨的「次二」（哈尼族語，人名）茶農，也是這麼告訴我的。帕沙，卻比班章成名更早，被稱為江內江外十二大古茶山之一，普洱茶的歷史，從少數民族的遷移來看，恐怕又有另外一種小產區加民族性結合的不同滋味了。

茶樹的品種呢？胥良林是科班出身，他從植物學的分類和雲南省農科院的調研的科學觀以為，班章茶區裡的「古樹茶園」可以被歸類成勐海大葉種的班章茶區群體種，在老班章寨子的一片茶園中，上百年的「古樹」茶的品種，先從葉形、樹態就至少十種以上，所謂的「班章」茶，不同的茶園，茶樹品種的多寡和特色，可以更具差異。胥良林認為，班章是一個傳統的說法，更不可以自己喝的那「一味」，當成班章味，那恐怕會漏失更多的班章風味。

一山一味的觀點，在普洱茶的世界是豐富的，它涵蓋了歷史、文化，少數民族特有的風格，更因自然環境的不同，地理、氣候條件的差異而有別，甚至一個小區不同的茶園，有不同的茶樹品種，而產生不同的變化。

那麼，班章茶，就未必非「老班章」不可了。其實「班章」是一個代表性的概念，也是綜合了文中所得各種因素的總評——濃、強的風味特色，普洱茶王冠放在「老班章」的頭上，雖有其必然性，只是，在品味它的時候，一定要明白，一山一味，並不是山頭主義，更不可以偏概全，因為「大班章」是數個小個「產區」的名詞，而一山一味，除了小產區，民族文化的結合，會有更多更豐富的內涵才對，要說一山一味，不妨先從大班章說起。

原載於《風傳媒》風生活／世界，二〇一六年二月二十六日

才女、古剎、寶洪茶

吳德亮

詩人藝術家吳德亮，兼具作家、畫家、攝影家、茶藝家、資深媒體人等多重身份，國立中興大學法律系畢業，至今已出版著作近 40 本，尤以近年在兩岸熱銷的《台灣茶器》、《台灣喫茶》、《台灣人文茶器》、《普洱藏茶》、《台灣的茶園與茶館》、《戲說六大茶類》、《找茶就是找故事》等最受矚目。

曾獲全國優秀青年詩人獎、中國時報文學獎、臺灣茶協會傑出茶藝文化獎，文學作品經常選入多種海內外重要文學選集、年度詩選、高中國文輔導教材、大學教科書等。曾在國立臺灣藝術館、國定古蹟林本源園邸、中國福建省美術館等地舉行油畫、水彩與攝影個展多次。並曾策辦「1983 台北藝術上街展」、「1998 跨世紀多元藝術互動展」、「2011 兩岸客家圍屋特展」等大型展演，其繪畫廣為中外人士所收藏。近年致力茶文化推展與研究，不惜千里跋涉兩岸及東亞等地，翻山越嶺找茶、寫茶、畫茶及演講，並連續多年策辦「台灣新文人茶器大展」，推動台灣茶與茶器邁向國際舞台，媒體普遍譽為「茶葉達人」。

曾任新聞周刊總編輯、《自由時報》綜藝版主編，現為《人間福報》、《獨家報導》、以及中國大陸《茶道》等各大報刊專欄作家；2016 年起應北京大學之邀聘擔任《中華茶通典》學術暨編纂委員。

資深名作家張曉風老師幾個月前忽然來電，說民國四大才女之一的張充和女士，日前以一百多歲的高齡在美國去世；相關報導提及對日抗戰時期的一九三九年，張充和客居昆明，借住在呈貢的雲龍庵，「沉浸在有曲、有詩、有茶、有酒的日子裡」。某日在品過一盞高香馥郁的寶洪茶之後，張充和展紙研墨，寫下了一首《雲龍佛堂即事》：「酒闌琴罷漫思家，小坐蒲團聽落花。一曲瀟湘雲水過，見龍新水寶紅茶」，而「寶紅」應是「寶洪」誤植。因此曉風老師希望我能告知寶洪茶產於何處？是什麼茶能讓「民國最後一位才女」如此推崇？

在我的印象中，寶洪茶應屬綠茶，又名「十里香茶」，因原產於雲南省昆明市宜良縣的「寶洪寺」而名。是始於唐代、大盛於明代的歷史名茶，明、清兩代都曾作為貢茶，也是雲南唯一的「小葉種」茶（其他滇綠、滇紅、普洱茶均採自大葉種茶樹）。外形扁直平滑如杉松葉，色澤綠翠，茶湯則呈黃綠色。

我隨即致電雲南友人求證，得到的答覆卻令人扼腕，因為寶洪寺早已消失在荒煙蔓草之中。所幸寶洪茶至今還有少量生產，曾於二〇一一年在日本綠茶競賽中榮獲金獎。而他手上剛好有一盒一九九八年的寶洪茶，二話不說就幫我給寄過來了。

曉風老師聞訊也十分高興，趕緊約了幾位愛茶的藝文界朋友，包括腳傷仍奮力拄著枴杖前來的名作家亮軒、竹雕名家翁明川與盧月娥伉儷、名畫家楊恩生、中央大學教授康來新等，就在阿亮工作室來個「寶洪茶品茶會」。

儘管賓主盡歡，但茶品明明是寶洪茶，外盒上方卻有「龍井」兩個大字，且過期逾八年的綠茶外觀已呈黝黑，沖泡後深褐色的茶湯也完全沒有綠茶的清香甘醇，未免遺憾。

所幸資深茶道教師的太座唐文菁日前返回雲南省親，在昆明的一場茶會上，意外地巧遇滿臉長鬚、法號「寶洪山人」的居士，大夥就浩浩蕩蕩跟著上山，在宜良縣城西北五公里外看見寶洪寺遺址，周邊茶園環抱，可真是「踏破鐵鞋無覓處」了。在太座的協助下，我也終於透過「微信」與這位傳奇的山人通上了視訊。

發下弘願要重建寶洪寺的山人說他來自福建泉州，茶樹則分佈在寺院四周的寶洪山上，早在唐朝建寺時（當時稱報國寺或相國寺，明洪武年間改建後稱寶洪寺），就由福建來的開山和尚所引進，種植至今已有一千二百多年了。由於海拔高（一九五〇公尺），年平均氣溫十六點三攝氏度，山巒起伏，雲霧繚繞，茶葉因而萌發力強，芽葉肥壯且白毫豐滿，具有香氣高揚持久的特色。

山人說寶洪寺鼎盛時共有九十九間佛堂與廂房，還供有上百尊鑄造精美的巨型銅佛，可惜在五、六〇年代「大躍進」時期，全都被溶解為五十多噸的銅材上繳，目前僅存斷垣殘壁，大殿遺址依稀可見殘存的青磚，以及附近村民暗自收藏的珍貴老磚瓦，令人不勝欷噓。不過他說近年已有福建商會全力籌款支持，重建時日應不會太遠了。

山人說一九三九年時，寺方曾在各省廣招茶葉專家，以杭州龍井的工藝製茶，至六〇年代改名為「宜良龍井」，並在一九八二年南京中國茶博會上勇奪佳績，引起杭州抗議，才恢復「寶洪茶」舊名，並正式註冊商標。而山人則是在二〇一〇年接下茶廠並取得商標，就這樣一個人守著三百五十畝的茶園，年產一點三噸，只做春茶，可說稀有珍貴了。

數日後太座返台，帶回了兩小罐紫色瓷瓶裝的寶洪茶，我趕緊再告知曉風老師，電話彼端傳來她喜悅的聲音，說「寺沒了，佛沒了，才女沒了。茶，居然又讓有心人給種了出來」。因此立即再度邀集亮軒及翁明川夫婦前來，品賞真正的寶洪茶滋味。

為表慎重，我特別以銀壺大師陳念舟的湯沸銀壺煮水，並當著大夥的面拆開瓷瓶封口，倒入白瓷的茶荷內，但見翠綠偏黃的嫩芽外形如雀舌，悠悠然升起一股幽香。再請太座以玻璃壺沖泡，讓大夥清楚看見壺中嫩芽成朵舒展的曼妙舞姿。黃金透亮的茶湯輕啜入口，不僅與杭州龍井的「色綠、香鬱、味醇、形美」四絕不相上下，甚至更為濃郁醇厚，些微的炒栗香在口腔內飽滿生津，讓我大感驚奇。

飲罷三盅，曉風老師表示：「杭州龍井較為生青嫩相，移居到雲南的『異鄉龍井』卻濃郁得令人稱奇，它是強韌的茶，是恣縱自是的茶，也是沉實凝定另具其別韻的茶」。

亮軒接著回應說：「所謂淡中有味，霧裡看花，別具一格。綠茶大多難免生澀，而此茶全無，卻依然飄散著採摘時的新鮮舒展。此茶自有羽化而登仙的風神，妙在不即不離，是茶中仙品，似乎並不易得，而所得已盡。一茶之味，恍然若夢，甘露已緲，舌韻依稀，或許僅此一席之緣，正是恰到好處」，果然是最懂茶的文學家了。

看著曉風老師低頭聞著杯底餘香，時光彷彿拉回至一九三九年，年輕的才女張充和梳著麻花辮，悠閒地沖瀹著寶洪茶。而作為現代才女、作為我高中時參加文藝營就已聲名遠播的散文老師、作為當今兩岸著名的大作家，兩人同樣姓張，同樣啜飲著寶洪茶隔著時空款款對話，阿亮工作室頓時也時光倒流了起來。正如她臨去時所說：「我因為沈從文而愛了他的小姨子張充和，因張充和而愛了她在抗戰時期流浪西南地區借居的見龍寺，因見龍寺而愛了寺邊所種的寶洪茶。我今來品此茶，不禁浩嘆，一方水土一方茶，想來千山萬水一丘一壑，一切我去過和不曾去過的地方，都各有其雋永難忘的悠長滋味」。

原載於《人間福報》副刊，二〇一六年九月二十一日

宋人瘋茶成癮
陸羽也嘆服

李開周

1980 年生，河南開封人，青年學者，《南方都市報》專欄作家，曾在《新京報》、《中國經營報》、《世界新聞報》、《羊城晚報》、《中國烹飪》和《萬科周刊》等媒體開設專欄。著有《擺一桌絕妙的宋朝茶席》、《過一個歡樂的宋朝新年》、《吃一場有趣的宋朝飯局》、《歷史課本聞不到的銅臭味》、《民國房地產戰爭》等。

這顆星球上有一種神奇的植物，它的名字叫做「茶」。

茶，一不能充饑，二不能禦寒，好像沒什麼用。可是當你著急上火的時候，一碗茶沖下去，火氣就消了；當你抓耳撓腮的時候，一碗茶沖下去，靈感就來了。由此可見，茶是有靈性的，也是有神性的。

可惜庸夫俗子不懂得這個，就算懂了，也不一定能和茶結緣。為啥？因為喝茶是需要條件的。首先你得填飽肚子，其次你得擁有閒暇，假如碰上兵荒馬亂，連小命都保不住，哪還有工夫去喝茶啊！

以上這些話很樸實，很有見地，可惜不是我說的，而是宋徽宗說的，它是徽宗名作《大觀茶論》裡的一段序言。當然，徽宗說的是文言文，我把它轉換成了白話文。宋徽宗還說：自從大宋立國以後，喝茶的好時代就來了。

第一，天下好茶輩出；第二，人民安居樂業；第三，製茶工藝和品茶之道遠遠超過了此前任何一個朝代。由於宋朝具備這三大優勢，所以宋朝的茶人特別多，茶風特別興盛，上至文武百官，下至平民百姓，幾乎人人都喜歡喝茶。不光喝茶，宋朝還流行鬥茶，幾個書生湊到一塊兒，拎起茶壺就比賽，比賽誰的茶湯最香醇，誰的茶具最精緻，誰的手藝最高超。一個人如果不喝茶，一個家庭如果不藏茶，簡直都不好意思出門了。

我們聽完宋徽宗這些話，再翻看宋朝人留下來的筆記、日記、書信、詩詞、話本、戲曲，會發現他沒有吹牛，講的都是事實。宋朝人過日子，無論是消愁解悶，還是走親訪友，無論是起房蓋屋，還是談婚論嫁，都離不開茶，以至於老百姓把素菜館叫做「素分茶」，將小費稱為「茶湯錢」，管日常飲食叫「茶飯」，並給飯店服務生取了一個相當氣派的名字：茶飯量酒博士。

茶風興盛到這個地步，宋朝茶人自然免不了要驕傲一下了。

中國茶史上最出名的人物應該是陸羽吧？他是唐朝人，被尊為「茶聖」，自唐以降，世世代代的茶人都供他為祖師爺，可是宋朝人卻不把他放在眼裡。

北宋大臣蔡襄說：陸羽泡茶的時候，把水燒得咕嘟嘟冒泡，水泡的形狀像蟹眼似的，這種做法並不可取。水泡一旦大如蟹眼，那水就老了，就不適合泡茶了。（蔡襄《茶錄》）

宋仁宗時的進士黃儒說：假使陸羽起死回生，嘗嘗本朝新近推出的高級茶餅，體驗一下那

種綿柔醇厚的茶香，他一定會悵然若失，後悔自己早生了幾百年。（黃儒《品茶要錄》）

南宋評論家胡仔說：陸羽以懂茶自居，在《茶經》裡枚舉了許許多多他所認為的好茶，其實他哪裡品嘗過什麼好茶呢？把《茶經》裡的茶拿到本朝，充其量都是些檔次不高的草茶而已。（胡仔《苕溪漁隱叢話》）

這些人之所以膽敢瞧不起陸羽，並不是因為他們比陸羽聰明，而是因為他們有幸生在宋朝。宋朝的國力不一定比唐朝強盛，但是宋茶卻一定比唐茶講究得多，甚至比現在的茶都要講究得多。

唐朝人喝茶，喝的是「煎茶」：把茶葉焙乾，碾碎，篩成粉末，撒到鍋裡，咕嘟嘟燒開，喝那鍋茶湯。這鍋茶湯很香，但也很苦，簡直像藥湯。為了減少苦味，或者說為了壓制苦味，唐朝人會往茶湯裡放鹽、薑、花椒、胡椒、核桃仁，結果又把藥湯變成了菜湯。

現代人喝茶，喝的是「泡茶」：把茶葉放到茶壺或者茶杯裡，用熱水直接沖泡，泡好開喝，喝完把茶葉渣倒掉。和唐朝的茶湯相比，現在的茶湯沒那麼苦，小口細品，舌底生津，回甘綿長，齒頰生香，就算苦，也是先苦後甜，就像世間所有的勵志故事。

宋朝人喝茶，喝的是「點茶」。這個點茶的「點」，可不是上館子點酒、點菜哦，它是調製茶湯的一種方式：把茶葉蒸熟、漂洗、壓榨、揉勻，放進模具，壓成茶磚，再焙乾、搗碎，碾成碎末，篩出茶粉，撮一把茶粉，放入碗底，加水攪勻，打出厚沫，最後才能端起茶碗細細品嘗。麻煩嗎？當然麻煩。好喝嗎？絕對好喝！因為宋朝的茶湯幾乎完全沒有了苦澀，只留下甘甜厚滑的芳香。我們說宋茶講究，指的就是這種不厭其煩的喝茶方式，以及這種甘香厚滑的奇妙口感。

說到不厭其煩，有的朋友可能會想到日本抹茶。沒錯，日本抹茶和宋茶非常相似，都需要蒸青、磨粉，都是把茶粉放進茶碗，然後用熱水調湯。但是抹茶比宋茶少了一道最關鍵的工序——做茶時沒有經過壓榨、揉搓，因此葉綠素和茶多酚沒什麼損失，可是卻苦得很，所以日本人喝抹茶之前，一般都要吃一些甜點。

說到甘香厚滑，有的朋友可能還會想到英國紅茶，或者想到印度拉茶。但是請注意，英國紅茶和印度拉茶之所以甘香厚滑，是因為加了牛奶，有時候還要加糖、加咖啡，如果沒有奶和糖的幫忙，它們的味道立馬打折。而宋茶就不一樣了，完全不需要別的東西，單槍匹馬上陣，就能征服天下茶人。

如果大家不嫌肉麻的話，那我還要繼續誇宋茶。

宋茶真的非常好喝，同時又非常單純。日本抹茶當然也單純，但它太苦；印度拉茶當然也好喝，但其中的煉乳讓它味道不單純；唯獨我們宋茶才能兼具甜美的口感與純粹的茶香，清新可喜，玲瓏剔透，就像童話中那位為七個小矮人收拾屋子的白雪公主。

除了好喝，宋茶的品相也相當可愛。

宋朝成品茶既不同於今天的綠茶，也不同於日本的抹茶，它是透過蒸青、碾磨和入模壓製等複雜工藝製造而成的精美磚茶。現在當然也有磚茶，不過個頭偏大，我在成都買過康磚、在赤壁買過花磚，最小的都有巴掌大小，重達五百公克，危急時刻可以拿來當作防身武器，或者被那些喜歡就地取材的現代女士拿來毆打花心老公。而宋朝的磚茶呢？或「八餅重一斤」，或「二十餅重一斤」（歐陽修《歸田錄》），小巧輕捷，一枚只有幾十克或者十幾克而已。現在的磚茶形狀單一，要麼方形，要麼圓形，要麼球形，而宋朝的磚茶卻能呈現出扇形、環形、玉玦、玉圭、月牙、花瓣等複雜造型，磚茶表面還能壓出遊龍戲鳳和五色彩雲等吉祥圖案。

引自《擺一桌絕妙的宋朝茶席》，臺北：時報出版，二〇一六年
刊載於《中國時報》藝文副刊，二〇一六年九月十六日

我的不即溶咖啡

王聰威

小説家，1972 年生，台大哲學系、台大藝術史研究所畢業。曾獲巫永福文學大獎、中時開卷十大好書獎、法蘭克福國際書展選書、台北國際書展大獎決選、台灣文學獎金典獎入圍、宗教文學獎、台灣文學獎、打狗文學獎、棒球小説獎等。

雜誌人，現任《聯合文學》雜誌總編輯。曾任《台灣明報周刊》副總編輯、《marie claire》執行副總編輯、《FHM》副總編輯。《聯合文學》雜誌在其主導的大規模改版後，於 2016 年首次榮獲金鼎獎年度雜誌大獎與最佳人文藝術類雜誌獎。

著有《生之靜物》、《編輯樣》、《作家日常》、《師身》、《戀人曾經飛過》、《濱線女兒——哈瑪星思戀起》、《複島》、《稍縱即逝的印象》、《中山北路行七擺》、《台北不在場證明事件簿》等。

念研究所時，我才開始喝比較多的咖啡，但也就是自己泡三合一即溶咖啡，以及喝罐裝咖啡的程度而已，為了熬夜寫功課拚命地喝，我這個人有個怪癖，就是一旦要喝，就會把市面上所有罐裝咖啡全部喝過，每種即溶咖啡都買來泡泡看，不過二十幾年前的選擇也沒那麼多就是了。

在此之前少喝，很單純是從小到大家裡沒有特別喝咖啡的習慣，早餐都喝豆漿米漿和泡牛奶，晚上吃完飯就是跟爸爸泡老人茶配酸甘甜，家裡既不常出現咖啡，也沒聽同學親戚説過要去哪喝咖啡一類的事。我這麼説，您一定會覺得太誇張了，難道是南部人所以都不喝咖啡嗎？南部人是不是這樣不知道，但有件事情可以證明我當時跟咖啡的關係有多麼薄弱。大學某次放暑假回高雄，跟媽媽去一家超級市場，逛到陳列包裝咖啡的架位，眼睛被一罐鐵罐裝的咖啡粉吸引住了，品牌名稱「橫濱珈琲物語 YOKOHAMA COFFEE STORY」，圖案描繪日本橫濱港口的淡彩畫，其他則是英日文說明。我看著那罐子，當下覺得咖啡是一件富含異國情調的美麗事物，那些遠從外地航行而來的大帆船，長途運載醞釀陳年芳香的老咖啡豆，寫滿了水手四處漂盪，彼此傳述的精采故事，與其說忽然變得好想喝咖啡，其實是迷上那個罐子所散發的氛圍，所以就叫我媽幫我買這個。（比任何零食都有點貴）

我媽走過來看了看我手中的罐子，搖搖頭問我說：「你又沒在喝咖啡，買這個幹嘛。」我回答她：「我想試試看啊，大家都有在喝。」（大家是誰？）

「囝仔人不要喝咖啡啦，對身軀不好。」我媽又說，「而且，你會泡嗎？」

「這足簡單啦。」我說，「用滾水攪一攪就好，跟泡牛奶一樣。」

總之，被我好說歹說地，我媽就買給我了。回家之後，我打開罐子，裡面是有點粗顆粒的咖啡粉，因為不知道分量該怎麼捉，所以先倒了一匙到馬克杯裡，然後就去燒開水，把水倒進去，用湯匙攪一攪，奇怪的是，不管怎麼攪，咖啡粉一直沒有溶化，我把咖啡粉濾掉，試著喝一口，除了一點點咖啡香，嘴裡沒什麼味道，就只是泡成黑黑的熱開水。我搞不懂為什麼，跟電視上看過的雀巢即溶咖啡廣告完全不一樣，但那顆粒大小看起來差不多，為什麼不會溶化呢？會不會是開水溫度太低呢？於是重新倒了一匙，又燒了一次開水，這次水滾了，我又讓水多滾三分鐘確定夠燒，然後提起茶壺一秒也不耽擱地倒進杯子，一邊倒我就一邊攪，我看著咖啡粉快速旋轉，心裡想這次沒問題了，確實正在溶化沒錯。

嘩啦啦地倒滿水之後，我又繼續攪拌一陣子，還不敢吹涼就直接拿起來喝，結果一樣，完全沒溶化，漂浮在水面的粗顆粒咖啡粉流進我的嘴裡或黏在唇上，又苦又澀又粗得要命，我只好去吐在廚房水糟，呸了好幾次，這時候我靈光一閃，出現一個天才想法：「也許加點糖會變得好喝一點！」於是我就在浮滿粗顆粒咖啡粉的黑水中，再加入一匙白糖，又攪拌一會兒，這次果然，不出所料地變成了有甜味的黑水了！

要到這個時候我才意識到，這不是即溶咖啡，而是咖啡豆直接磨成的咖啡粉，得用某種煮咖啡的工具來沖泡才行，但這所謂的「某種工具」不要說家裡當然沒有，我的腦子裡根本也浮不出「某種工具」是什麼模樣。這下子可好，要是媽媽知道我什麼都不懂亂買一通，一定會把我罵到臭頭，所以我就把這罐咖啡藏起來，假裝沒這件事，希望她會忘掉有這個東西。上天保佑，她後來真的沒再提起，於是我覺得風頭過了的某一天，就偷偷地拿到外面，把咖啡粉倒進水溝，再把空罐擺回廚房架子上，假裝每天喝不知不覺地已經喝完了。

看到這裡，您一定會有個疑問，既然我媽都已經忘掉這件事，那我為什麼不乾脆整罐拿去丟掉就好了呢？何必留個證據在家裡，被媽媽看見不是又會被問？坦白說我就是捨不得丟掉，我真的好喜歡罐子上的用粗線條勾勒輪廓，沾染淡彩的抒情港景，我更喜歡「橫濱珈琲物語YOKOHAMA COFFEE STORY」這幾個字，這是我人生第一次學到「橫濱」兩個字怎麼念、原來「咖啡」在日文裡是寫成「珈琲」、「物語」就是「故事」的意思，而且這幾個字結合起來居然可以這麼有想像力，光是在嘴裡念出來，就好像身處在另一個國度，一顆心已經去浪跡天涯了。

現在沒什麼了不起的，但您知道的，那個年代仍然是戒嚴時期，男孩子沒當兵之前不能出國，不只是這樣，我家爸媽親戚朋友也沒人出過國，（話說回來，那時我好像不認識任何出過國的人。）我當然在電視上或書裡看過外國的樣子，比方說曾經很迷三毛的撒哈拉沙漠、西班牙和中南美洲，但手裡握著這個罐子時，還是會感到強烈悸動，像是真的獲得一件來自日本橫濱的禮物，裡面有我很陌生的，不會溶化的粗顆粒咖啡粉，加上確實完全不會煮，就跟真正的外國鄉巴佬一樣。所以我沒有丟掉那個罐子，從這邊開始才是厲害的地方！我不僅當時沒丟掉那個罐子，這罐子還一直留到現在，我從高雄帶到台北念大學，又從台北帶回高雄當兵，然後又從高雄帶回台北工作，經歷了二十多年的時間，現在這個罐子正放在我床邊的矮櫃上，裡面塞滿了沉甸甸的一元硬幣。這罐子裸露的鐵的部分已經生鏽變黑，大部分表面則褪成溫潤的乳黃色，反而使得淡彩畫散發著典雅古樸的魅力。

有一段時間，我去了超級市場，只要想起來，我就會找找看是不是有一樣的「橫濱珈琲物語」，但從來沒發現，好像是個只發生一次的夢境，只去過一次的旅行，甚至去了東京與京都幾次，買了許多種咖啡粉回來，也都沒有再見過這個品牌。有一度我想，會不會是這家公司倒掉了呢？當然不是。去年我又忽然對它感興趣，乾脆上樂天購物去找，一下子就找到了，是日本M.M.C三本コーヒー株式會社的產品，人家還賣得好好的，應該只是台灣很少進口罷了，從電腦銀幕上，我看到了令人懷念的鐵罐，立刻訂了六罐裝的禮盒。

一個星期後貨送到家，要打開前，我就拿了舊款「橫濱珈琲物語」擺在一邊。跟新款「橫濱珈琲物語」比較，六罐有三種不同風味：「藍山調和、歐式調和、美式調和」，搭配三幅不同的橫濱地景淡彩畫：「橫濱山手異人墓地、海上停泊的黑船、從港口看見的大旅館」，舊款是「從港口看見的大旅館」，不過整體版面和文案都不一樣，至於「橫濱珈琲物語YOKOHAMA COFFEE STORY」標準字和罐子形狀則沒變。我把罐子翻過來，舊款底部有老式罐頭直接打凸的賞味日期「910410」，新款底部則是打印點陣黑字「2017.01.01」。我本來就沒有幻想，會是一模一樣的東西，過去這麼久的時間了，任何事物都一定會有所改變，能夠再買到這個我已經很滿意了。（不過我覺得舊款設計更簡單大方一些，新款多了不必要的細節，有點幼稚。）最好的是，經過了二十多年，我終於看得懂罐上的日文說明，包括咖啡豆是從哪來的，也擁有了「某種工具」（應該說每種都有）可以沖煮我的「橫濱珈琲物語」。

當我拆開其中一罐的包裝，準備要煮時，我忽然擔心起一件微不足道的小事，您一定會覺得我非常幼稚，但我心裡就是產生了這樣的憂愁：「萬一『橫濱珈琲物語』不是在橫濱生產的怎麼辦？」雖然是號稱「橫濱珈琲物語」，文案也寫得那麼斬釘截鐵且迷人，但萬一跟四川牛肉麵不是四川人發明的，蒙古烤肉不是蒙古人創造的一樣，那麼二十幾年來，我被罐子吸引而在心裡羅織的美好異國想像，那些耗費心神的青春歲月，那些在超級市場貨架間孜孜不倦的穿梭尋找，不就因此徹底顯得愚蠢不堪？我靜下心，慢慢地將鐵罐從正面圖案轉到背面，製造者：「三本コーヒー株式會社……橫濱市神奈川區金港町6-9」。不瞞您說，那一瞬間，我真的覺得我一直很彆扭的人生值得了。

原載於《聯合報》副刊，二〇一六年十一月二十六日

我的第一口天之美祿

張曉風

原籍江蘇省銅山縣（徐州），筆名曉風、桑科、可叵，東吳大學中文系畢業，曾任教東吳大學、香港浸會學院、陽明大學，自 1962 年執教至 2012 年。二十五歲出版第一本散文集《地毯的那一端》，獲中山文藝散文獎，為至今得獎人中最年輕的一位，另獲國家文藝獎、吳三連文學獎等，並於 1976 年獲選十大傑出女青年。寫作版圖以散文創作為主，亦旁及劇本、雜文、論述、童書、評述、小說和詩作，著有《你還沒有愛過》等重要著作二十餘本。

(1)

人，在小時候吃過的美食，多半都不是自己舌根的記憶，而是，聽大人說的。

如果這個大人能形容得淋漓盡致，孩子大概也就真覺得是自己的記憶了。歷史，包括個人自己的歷史，都不能靠自己去記。

我出生於民國三十年（唉，別跟我說一九四一，那年頭，沒人說這種奇怪的數字），中日戰爭正打成一團，但轉機已出現。尤其在這年年底，老日昏了頭，竟去炸珍珠港，奇怪的老美在未遭人炸港炸艦之前，好像渾然不知「日本鬼子」是壞蛋。（用「日本鬼子」這四個字，是因為日本另有「日本良民」，如阿信，但她的兒子卻也參了戰——雖然戰死了。）民國三十年是世紀惡人惡貫滿盈的一年，惡滿了，敗象就露了，我因而自認我出生的這一年算是幸運年。

但在戰亂歲月，一個嬰兒，如何可以吃到美食呢？

美好的食物，在漢人的語言裡被形容為「天之美祿」，而《漢書．食貨志》（今人所謂的「經濟史」）裡公然提到的謎底居然是酒，「酒者，天之美祿，帝王所以頤養天下，享祀祈福，扶衰養疾。」

酒，其實是成人的美祿，但對小孩，特別是戰爭時期的小嬰孩，卻全然不是同一回事。

一個小孩的第一口美食，毫無疑問應該就是母奶，但也不一定，因為有些母親沒奶，有些有奶也懶得餵，花錢另雇奶媽（那時代少有奶粉），喝米湯長大的也大有人在。而我，有幸吃到豐沛如湧泉的母乳，想起這事，好像應該把我外婆也提出來表一表。外婆出身富農之家，不識字，卻精明能幹。外公在戰爭中死於異鄉桂林，外婆當時人住在不會遭到轟炸的上海法租界，但她當機立斷打算離開上海回老家徐州去——可是在這之前她必須完成一件複雜的大事，就是要把個「老女兒」——也就是我的母親——嫁掉。母親當年已二十五歲，在那個時代看來，真是個「老小姐」了。而母親的第一志願當然是去讀大學，可是戰爭耽擱了許多事，她讀不成大學之前，不想結婚，戰爭卻又遲遲沒完沒了……。

外公既然死了，外婆認為亂世裡家中擺著個「女大不嫁」的孩子是個禍害，日本軍人常姦殺婦女，十分駭人，最好的方法就是找個「好男人」把女兒嫁掉。

而父親是外婆認為故鄉方圓百里地面上最優秀的男人了，不嫁他嫁誰？更何況，他當時已是少將，而且喪妻多年，唯一的缺點是老了些，他已三十五歲。但，外婆想，年輕的男人能嫁嗎？當年男人二十、女人十八就都紛紛結婚去了。父親是因死了前妻，所以暫時「空在那裡」。對了，前不久，我碰見表弟，我三舅的兒子，他跟我說：「我爸爸常說，他這輩子見到過最聰明的人，就是你爸爸了。」這話我信，只是弄不清楚我三舅的見識到底有多廣？

母親想反抗外婆安排下的「傑出人物」，她認為外公如果活著，一定不會逼她結婚，當年爸爸曾經從纏腳布中解救過她的腳，但戰爭使她失去父親，她的靠山沒了。而外婆是個厲害人物，她絕食，以死要脅，還發動小弟小妹跪求我母親說：「爸爸死了，你要讓我們也沒媽媽嗎？」母親就投降了。（不過，事後母親才從佣人口中得知，外婆絕食其實是耍詐，她半夜都在偷吃東西。）

不知是不是不放心這樁「逼婚」，當然，也加上父親常常身在軍旅，外婆不放心母親一人，怕她無法自理生活，外婆在母親婚後又跟著住了一段時間，而且，一直住到我出生，為母親做了個「完美月子」，看我長到一歲，不像會夭折的樣子，才放心回老家。我估摸，外婆當時的心，是想，辦完了這件大事，就死也無妨了，而且，丈夫已死，一個人活著又能有多大意思？外公當時自己身在戰場，卻為了外婆對戰爭的驚恐，竟花大錢千里迢迢去上海法租界福里里路租下一棟樓房給家小住。丈夫死後，錢，其實還是有的，因為家有千畝良田，加上店面，反正外公在外從公，一向都是從老家拿錢「倒貼」。但曾經一聽到空襲警報就全身發抖心臟狂跳的外婆，此刻，顧好了女兒的月子，竟勇敢還鄉去了。

自從盤古開天地，哪曾見火彈天上掉下來？中國小百姓莫名其妙就讓高科技給欺負了，在完全不知情的狀況下他們讓魔鬼般的敵人嚇到目瞪口呆、屁滾尿流——然而這事丟臉嗎？不丟臉，有了高科技而持高科技去殺人如麻的民族才丟臉。守著田地生兒育女，過著恬然自足的日子的民族並不恥辱。被嚇到如見鬼見魅的小民並不可恥。

可憐的那一代小民，他們哪裡懂什麼「大東亞共榮」的好聽口號？我所認識的一家人，他們家祖母跟我外婆年齡相近，她也怕炸彈怕得要死，她丈夫死了，她跟著兒子媳婦過生活。有一次空襲，她又怕又因小腳跑不快，兒子又不在，媳婦便讓她躲在衣櫃裡。天哪，衣櫃能擋炸彈嗎？但這就是那一代小民的戰爭應對了。空襲警報解除後，媳婦回來，婆婆已僵死在衣櫃裡，是悶死的？還是嚇死的？沒人知道，如此無知，可恥嗎？不可恥，只是可憫。

而我的外婆不肯跟我們一家三口繼續逃難去重慶，只一心想回老家，是勇敢，也是可敬。母親之下還有二弟二妹，相信外婆那時橫了心，想，就算我死了，死在淪陷區的徐州老家，這女兒女婿也得替我撐著家。

母親後來把自己一生健康沒大病一直活到九十六歲都歸功於民國三十年的那次做月子做得好。

「一天燉一隻老母雞，老天爺，我哪吃得下呀？我叫你外婆幫著吃，她卻不肯，她說：『哎呀，吃人家月子食，是有罪過的呀！』」

不識字，迷信，但外婆說的話卻有至理。在那個物質匱乏的古老年代，有條迷信來保障產婦的「特種伙食」是很聰明的好事。

母親在回憶她的「完美月子」的時候，語氣和表情都立刻不同了，柔和中有其自信自豪甚至自大。我想，月子不但修復好了她所說的，從小瘦弱的身體，也修復好了那場因逼婚所造成的母女齟齬。

外婆後來陸陸續續在南京和台北跟我們住過好一陣，她是兩家四老中（外公早逝，所以只剩三老）唯一渡海來台的，但來了不到一年就去世了，她的骨灰埋在六張犁，我們家在台灣如今也算有了五代人了。

因為月子做得好，所以奶汁也充足。不過太充足了，也是煩惱，那時代沒有冰箱，無法貯存，必須找個幫忙喝奶的人，外婆不肯喝，爸爸勉強喝。不過，後來在鄰居中找到另一個瘦巴巴的同齡段姓小男孩，他的父親與我父親同事，他家雇了奶媽，奶媽的奶不好（有個奇怪的傳說，如果奶媽「偷男人」，就會奶不好）。小孩因飢餓而常哭鬧，他媽媽成天只顧著打牌也不理他，我外婆便多管閒事，把別家孩子抱來喝奶。這一來，母親的奶不漲了，段家小男孩卻像吹氣一般地肥漲起來。

回憶生命中第一美食——或說決定小孩命運的天之美祿，我想起來的竟是整個中日戰爭、二戰、父親、母親、外婆，加上外婆為母親做的「完美月子」……

世人和我，對生命中的第一口天之美祿，一例都毫無印象，包括它美好的質與量，嬰兒的「母乳頌」大概只能表現在大口大口的吸吮中。

據母親說，我當時一心覬覦的反而是「大人在桌上吃的好東西」。也因此，締造了一項個人生命史上的記錄。這記錄就母親而言，是「光榮記錄」，對我而言——至少在我年輕的時候——是個「不光采的記錄」。那就是，我在八個月的時候竟然一次吃下了十個水餃。

唉，好好的一個小淑女，怎麼食量會這麼大，簡直嚇人！

許多許多年後，大概是我六十歲之後，母親才說出從前沒說出的下半句話：

「那高士山（佣人名），也不知從哪裡學來的手藝，把個餃子包得特別小，小得不到一般餃子的二分之一，所以你才一口氣吃了十個！」

啊喲，啊喲，我心裡暗叫，老娘呀，你怎麼不早說？你老人家只顧誇自己養的小孩有多麼「勇壯」，害我都為這「不秀氣的食量」自卑了半輩子呢！

當年媽媽見我既然——套句流行話——「食量豪邁」，就打算給我斷奶。不斷奶，她是沒有自由的。而她其實生性活潑，喜歡到處遊山玩水（她唯獨恨惡打牌）。外婆卻不准：「哼，斷奶，不可以！這種亂世，成天跑到這裡躲到那裡，大人還能挨兩天餓，小孩哪裡抵得住？這奶，能吃到哪一天算哪一天，不然，到時候，小孩準保不住！就算保住了，也要吃大虧！」哎呀！我這外婆真是善於作高明的聖裁啊！後來在一路撤退往西南走的途中，無論碰到什麼窮山惡水，或前不巴村後不巴店的地方，我都有隨傳隨到的「御膳房」在，想吃就吃。

(2)

民國五十七年，輪到我當母親了。那時候，全世界都籠在婦運的奇異浪潮裡。世上某些革命，至少，在初期，常有些怪象。這些怪象在邊陲地區比主流地區更嚴重，魯迅筆下的阿Q就自以為，跑到人家尼姑庵裡偷拔蘿蔔，就是光榮的「革命行為」了。

當時，拒絕授乳的前衛婦女很多，選擇剖腹生產的風氣也漸開，似乎這樣才夠「正點」。——可是我還是選擇自己授乳。啊，那真是一場艱苦的奮戰，我家住在大安森林公園附近，我教書的學校卻遠在外雙溪。中午我從學校叫計程車趕到青島西路的女青年會，有位鐘點佣人也坐計程車把小嬰兒從家裡送到女青年會。我在他們暫借給我的一角房間授乳，半小時後，我和佣人各自歸校歸家，這種奔波，也真是古今奇聞，算來成本極高，不過，我沒有後悔過。

上面說的是白天，深夜餵乳，更是累死人。你不能找任何人（例如丈夫）代勞，「奶瓶」必須自己起身，坐上一張藤椅，開始工作。俗語說「馬無夜草不肥」，深夜啼哭的嬰兒好像都深知此理。那時候，我會想，啊，媽媽，你曾給我的乳汁，我都還給我的孩子了。到民國九十五年，我的孫女也有幸吃到「天之美祿」。

不過人生常有意外收穫，在一次次不寐的深夜中，我把《莎士比亞全集》讀完了，能在泌乳的時候為自己補充醍醐，也是一番美麗的收支平衡啊！

我平生常想一身兼做四個人，一個是有東西可以教人的教師，一個是有家有孩子的婦人，一個是寫作者，加上，一個到處走走晃晃，為大地和人世望、聞、問、切，打抱不平的閒人——大體言之，我做到了。雖然做得有些離離拉拉，不成章法，未臻善境，不過，人遲早得學會「得饒己處且饒己」吧？

(3)

我的第二道保命食物，我仍然沒印象，那是「泰康餅乾」。當時我人已到了重慶，那時我的年齡大概是兩歲半到四歲半，生活中的重大活動竟然是躲警報。對於此事，我全然遺忘了，據母親說，她當時常備著兩個包包，她拿一個，我拿一個，一聲令下：

「要去防空洞啦！」

我就像要去上學的乖寶寶似的，提起包包就走。媽媽的包包裡裝了什麼我不知道，我的包包裡就只有一個餅乾盒。那盒子極大，我回憶起來那盒子高約29公分，長寬各19公分，上面還畫著一隻大公雞。可能母親看中它可坐可吃的好處，似乎那餅乾是椒鹽口味的。

重慶的疲勞轟炸是極可怕的，日軍仗著飛機多，轟炸起來輪番上陣，就想把百姓活活悶死在防空洞裡，當然，餓死，也是他們樂見的。

我不怕，我有我的救命餅乾——而且，那盒子還可以作為寶座。而母親，就在我身邊，至於父親呢？父親一向很少出現，抗戰時期，他居然有一年人在華盛頓，等他晚年退休回家的時候，我卻又離巢遠飛了。軍人的生涯使我們不能擁有父親。

防空洞的悲劇我其實都是書上看來的，我當時是「人在禍中不知禍」，仍然享受著一個孩子可以享受的一切，例如，聽故事。

當然，有些事，表面看，沒有進入記憶，但未必沒有進入潛意識。十年前，也就是離我的重慶經驗六十年之後，我因生病，醫生讓我去做核磁共振的檢查，做那種檢查很麻煩，要禁食禁水，好不容易輪到我，門口辦事人員問我：

「請問你有『幽室恐懼症』嗎？」

老天爺，他以為我是醫生嗎？這麼專業的名詞，用台灣人慣用的口氣，就是「那是個什麼（鬼）碗糕呀！」

但我「聽文生義」，想想我生平走到任何房子，我的第一個動作就是「開窗」（有空調的不算），我大概對密不透風的空間有所恐懼吧？

所以我就回答說：

「好像有耶！」

辦事員立刻反應靈敏，推開文件，說：

「啊，那我們就不做了！」

我聽了大為光火，我生病，要照這討厭的玩意兒，這是非做不可的事，怎麼可以白挨了十幾個小時的飢渴之後，輪到我居然又說不做了？

「天哪！當然要做！」我雖生氣，卻裝出笑臉，「我有幽室恐懼症，那是我自己的事，檢查，哪能說不做就不做！——不做以後，那要怎麼辦？你告訴我，人生，可以這樣亂來嗎？」

我的幽室恐懼症會不會和童年防空洞經驗有關？防空洞的經驗好在沒留在我的記憶裡，但因當時一切和「金屬」有關的東西都很稀罕珍貴，所以這餅乾盒子後來變成了貯物盒，它似乎挺嚴密，所以在我們家裡又陸續生存了許多年，有了這具體物證，母親會指著它製造我的假回憶：

「呀，從前，躲警報的時候——你都訓練有素，抱著這盒子，就跟我跑去防空洞了。」

唉，我多麼後悔那時候沒跟母親多挖掘些有關防空洞的資料——不過，我猜母親雖愛說話，防空洞的事我沒問，她居然也就沒說，我猜，她大概也不愛說這一段吧？

但是，我對那餅乾，那盒子卻一直心懷感恩，當然我也該深謝母親思慮周密，讓我成為

「重慶市裡在抗戰時的，訓練有素的，善於自處的，防空洞中的小洞民」。哈，這還真是一個有趣的頭銜。

後來，我又知道一個真實的故事，有家人，有個跟我同年生的女孩，孩子極小時在逃難途中餓死了。他們當時是一群人坐在敞開的汽車上逃難，車子經過的地方好像都是山野，買不到吃食，到達目的地的時候母親餓昏了，大一點的男孩餓趴了，但小女孩，跟我同齡的那個小女孩，卻餓死了。我聽了那悲慘故事益發佩服起我外婆的「母乳論」和我母親的隨走隨拎的「餅乾盒祕法」了。

在台灣，自從三十多年前我從做陶的阿亮認識了山茼蒿（也就是「昭和草」）之後，便常在每年春夏去野外摘點來吃。先爆香紅蔥頭，把摘好的山茼蒿炒一炒，完了放在糙米粥裡，別有一番屬於山野大地的清香。

我喜歡山茼蒿不單喜歡它的氣味，更喜歡的是它的故事。聽說它在二戰時期救過不少台灣避難山中的常民。那時美軍轟炸，大家躲在山裡，沒東西吃，滿山遍野山茼蒿是救命美食呢！食物美不美，恐怕不全在味蕾，而在於它能救命。

唉，說起美軍轟炸，我倒附帶有兩個故事奉送。

話說，曾經，在日本時代（嘿嘿，我不知道為什麼為了「日據」和「日治」學者吵翻天，我從小聽鄰居談話，都是用「中性敘述」，叫「日本時代」，避開「動詞」，各自表述，豈不省事），就有了由傳教士創辦的「樂生痲瘋病院」。日本人棄絕生這種病的人，只有傳教士肯做傻事收留他們。當時為了清洗他們的衣物被單，避免感染，有個大洗作坊，衣物都要煮沸消毒，所以就有個在那時代來說極高極大的煙囪，紅磚的，很醒目。院方透過關係跟美國軍方說，看到這根大煙囪，就別炸，好嗎？這裡住著我們的痲瘋病人吶！

後來，果然就沒炸。

另外一個故事是林徽因，她透過當時的美國大使館請求，說，如果轟炸日本，能放過京都奈良嗎？那裡的建築是人類共有的文化財產啊！其實林徽因的弟弟是飛官，死於對日抗戰，但在恨日之餘，她仍想到文化，想到美，而幫兩座古城代為求恩，這兩座城也就得以保全，其情操豈是大正或昭和或平成天皇想得懂的？

好了，別讓老太太抖包袱，抖著抖著就會抖個沒完沒了呢！

原文部份載於《聯合報》副刊，二〇一六年十一月三日
此收錄全文

二魚文化　人文工程　E053

2016 飲食文選 *Best Taiwanese Food Writing 2016*

主　　編　朱國珍
責任編輯　葉珊
封面設計　周晉夷
內頁排版　龍虎電腦排版
行銷企劃　郭正寧
讀者服務　詹淑真

出 版 者　二魚文化事業有限公司
發 行 人　葉　珊
地址　106 臺北市大安區新生南路二段 2 號樓
網址　www.2-fishes.com
電話　(02)23515288
傳真　(02)23518061
郵政劃撥帳號　19625599
劃撥戶名　二魚文化事業有限公司
法律顧問／北辰著作權事務所、林鈺雄律師事務所

總 經 銷　黎銘圖書有限公司
電話　(02)89902588
傳真　(02)22901658

製版印刷　彩達印刷有限公司
初版一刷　二〇一七年三月
I S B N　978-986-5813-89-5
定　　價　三四〇元

題字篆印　李蕭錕

國家圖書館出版品預行編目（CIP）資料

飲食文選. 2016 / 朱國珍主編.
-- 初版 . -- 臺北市：二魚文化，
2017.03
280 面；14.8×21 公分（人文工程；
E053）
ISBN 978-986-5813-89-5（平裝）

1. 飲食　2. 文化　3. 文集

538.707　　106003091